Abdoul Aziz Belemvire

Estudo do impacto dos ataques DDoS nas redes móveis 4G/LTE:

AF568357

Abdoul Aziz Belemvire

Estudo do impacto dos ataques DDoS nas redes móveis 4G/LTE:

Análise e soluções inovadoras para uma cibersegurança reforçada

ScienciaScripts

Imprint

Any brand names and product names mentioned in this book are subject to trademark, brand or patent protection and are trademarks or registered trademarks of their respective holders. The use of brand names, product names, common names, trade names, product descriptions etc. even without a particular marking in this work is in no way to be construed to mean that such names may be regarded as unrestricted in respect of trademark and brand protection legislation and could thus be used by anyone.

Cover image: www.ingimage.com

This book is a translation from the original published under ISBN 978-3-639-52669-1.

Publisher:
Sciencia Scripts
is a trademark of
Dodo Books Indian Ocean Ltd. and OmniScriptum S.R.L publishing group

120 High Road, East Finchley, London, N2 9ED, United Kingdom
Str. Armeneasca 28/1, office 1, Chisinau MD-2012, Republic of Moldova, Europe
Managing Directors: Ieva Konstantinova, Victoria Ursu
info@omniscriptum.com

Printed at: see last page
ISBN: 978-620-8-37716-8

Copyright © Abdoul Aziz Belemvire
Copyright © 2024 Dodo Books Indian Ocean Ltd. and OmniScriptum S.R.L publishing group

Dedicação

Dedico este trabalho a todos aqueles que me apoiaram ao longo desta aventura. À Fadila SEMDE, pela sua ajuda inestimável e pelos seus bons conselhos ao longo deste projeto. O seu encorajamento e apoio permitiram-me dar passos decisivos em frente. À minha família, pelo seu amor incondicional, pelo seu apoio inabalável e pela sua confiança em mim. Têm sido uma fonte constante de motivação e inspiração.

Agradecimentos

Nas páginas desta dissertação, gostaria de expressar a minha profunda gratidão àqueles que foram os meus guias, os meus apoiantes e as minhas fontes de inspiração ao longo deste estimulante percurso académico. Aos meus professores, cuja paciência e paixão iluminaram o meu caminho, apresento os meus mais sinceros agradecimentos. Aos meus colegas de turma, companheiros de desafios e de descobertas, enriqueceram a minha experiência com a vossa amizade e a vossa inestimável colaboração. Ao Dr. Désiré GUEL, juntos conseguimos tudo, e a sua dedicação e competência foram inestimáveis. A vós, Dr. Kiswendsida Kisito KABORÉ e Didier BASSOLE, agradeço a vossa inestimável supervisão e orientação esclarecida. Finalmente, a mim próprio, por ter enfrentado os desafios com determinação e perseverança, felicito-me e celebro este marco importante na minha carreira académica. Que esta dissertação seja o testemunho do nosso compromisso comum com a excelência e a inovação. Obrigado a todos por esta aventura inesquecível.

Resumo

As redes móveis 4G/LTE desempenham um papel central nas infra-estruturas de comunicações modernas, oferecendo uma conetividade rápida e fiável. No entanto, estão a enfrentar ameaças crescentes, nomeadamente ataques de negação de serviço distribuído (DDoS), que comprometem a sua disponibilidade e segurança. Este estudo faz parte de um esforço para compreender melhor o impacto dos ataques DDoS nestas redes e para desenvolver soluções de defesa robustas. O desafio consiste em identificar as vulnerabilidades específicas das redes 4G/LTE a estes ataques e propor contramedidas adequadas. Os principais objectivos são analisar os mecanismos de ataque, avaliar o seu impacto na qualidade do serviço, propor técnicas de deteção e atenuação e, por último, reforçar a resiliência das redes face a futuras ameaças. Os resultados mostram que as técnicas tradicionais e de aprendizagem automática podem ser eficazes, mas precisam de ser melhoradas para fazer face a novas formas de ataque. O estudo de caso apresentado utiliza o conjunto de dados CIC-DDoS2019 para avaliar estes métodos em redes 4G/LTE. Os resultados realçam a importância de desenvolver técnicas de deteção adaptadas a estas redes, sublinhando simultaneamente as limitações do conjunto de dados e a necessidade de melhorar a qualidade dos dados disponíveis.

Palavras-chave: conjunto de dados CIC-DDoS2019, deteção de ataques, DDoS, 4G/LTE.

Índice

Introdução geral

[1]A ubiquidade das redes móveis 4G/LTE [1] transformou o modo como interagimos com o mundo digital, oferecendo uma conetividade rápida e fiável. [2]No entanto, esta conveniência também abriu a porta às *ciberameaças , com* os ataques *de negação de serviço distribuída* (*DDoS*) a emergirem como um grande desafio. Este estudo tem por objetivo explorar em profundidade o impacto destes ataques nas redes móveis 4G/LTE, identificar as vulnerabilidades inerentes e propor estratégias de segurança robustas para preservar a estabilidade destas infra-estruturas críticas.

Antecedentes e justificação

As redes móveis 4G/LTE são essenciais para a infraestrutura de comunicações, proporcionando uma conetividade rápida e fiável. No entanto, com o rápido crescimento dos serviços baseados na Internet, os ataques de negação de serviço distribuído (DDoS) constituem uma séria ameaça [2-4]. Compreender o impacto específico destes ataques nas redes móveis 4G/LTE é crucial para manter a qualidade do serviço e a segurança das comunicações móveis.

A implantação em massa de redes móveis 4G/LTE alterou radicalmente o modo como as pessoas e as empresas interagem com os serviços de comunicações [1]. Embora a 4G/LTE ofereça conetividade de alta velocidade e baixa latência, também atraiu a atenção de agentes maliciosos, pondo em risco a disponibilidade e a fiabilidade das redes móveis.

Os ataques DDoS, com a sua capacidade de coordenar ataques em grande escala a partir de múltiplas fontes, podem causar interrupções significativas do serviço nas redes móveis 4G/LTE, ameaçando a qualidade do serviço. Por conseguinte, é imperativo compreender em pormenor a forma como estes ataques afectam estas redes, a fim de desenvolver mecanismos de defesa sólidos.

Motivações

A motivação para este estudo reside na necessidade premente de compreender melhor as

---

1 *4G (Quarta Geração)/ LTE (Long-Term Evolution)* é o termo comummente utilizado nas telecomunicações para descrever a mais recente norma em tecnologia de redes móveis. A rede 4G/LTE oferece velocidades de dados mais rápidas, menor latência e melhor desempenho global do que as gerações anteriores de redes móveis, como a 3G.

2 *As ciberameaças* são perigos, ataques ou acções maliciosas que visam sistemas informáticos, redes, dados e infra-estruturas digitais. Estas ameaças podem provir de uma série de actores, como hackers, organizações criminosas, Estados-nação ou indivíduos mal-intencionados.

consequências dos ataques *DDoS* nas redes móveis 4G/LTE. A compreensão destes impactos é de extrema importância, uma vez que permitirá o desenvolvimento de mecanismos de defesa mais eficazes e a implementação de políticas de segurança adequadas para proteger estas infra-estruturas críticas. Esta investigação sobre o impacto dos ataques DDoS nas redes móveis 4G/LTE é motivada por várias considerações cruciais.

(1) Apesar da sua sofisticação, as redes móveis 4G/LTE estão a enfrentar um aumento do número de
ataques DDoS sofisticados. É crucial compreender estas vulnerabilidades actuais e emergentes, a fim de desenvolver mecanismos de segurança eficazes para evitar interrupções do serviço.

(2) A ameaça de ataques de negação de serviço distribuído (DDoS) não se limita apenas a para perturbar os serviços em linha, mas também podem servir de manobra de diversão para intrusões mais graves, comprometendo assim a segurança dos dados e a confidencialidade dos utilizadores. A consciencialização das consequências de tais ataques é essencial para reforçar as medidas de segurança destinadas a proteger os dados sensíveis.

(3) Desenvolver contramedidas eficazes contra os ataques DDoS nas redes móveis
Para além dos ataques 4G/LTE, é crucial compreender plenamente o seu impacto. Esta compreensão mais profunda abrirá caminho para o desenvolvimento de estratégias mais eficazes, tais como métodos de deteção precoce, reforço da resiliência da rede e protocolos de recuperação rápida após um ataque.

(4) O advento do 5G nas redes móveis aumenta a necessidade de aprender com os ataques DDoS nas redes 4G/LTE, a fim de reforçar a segurança das futuras infra-estruturas. Este estudo tem por objetivo orientar o desenvolvimento de políticas e soluções adequadas face a um panorama tecnológico das comunicações em constante evolução.

Questões

O problema consiste em identificar as vulnerabilidades específicas das redes 4G/LTE a estes ataques e propor contramedidas adequadas. No âmbito deste estudo, analisaremos as seguintes questões relativas às redes móveis 4G/LTE:

— Quais são os mecanismos de ataque *DDoS* mais comuns utilizados contra as redes móveis 4G/LTE?

— Como é que estes ataques afectam a disponibilidade e o desempenho das redes móveis?

— Quais são as vulnerabilidades específicas das redes 4G/LTE aos ataques DDoS?

— Como conceber contramedidas eficazes para atenuar os efeitos dos ataques DDoS nas redes móveis 4G/LTE

Objectivos

No âmbito do nosso estudo, estabelecemos vários objectivos-chave para compreender melhor e responder aos desafios colocados pelos ataques DDoS nas redes móveis 4G/LTE.

1. Em primeiro lugar, analisaremos os tipos de ataques DDoS normalmente dirigidos contra as redes móveis 4G/LTE. Esta análise aprofundada das diferentes formas de ataque permitir-nos-á compreender melhor os mecanismos subjacentes e os métodos predominantes utilizados pelos atacantes.
2. Em seguida, avaliaremos o impacto destes ataques na qualidade do serviço (QoS) das redes 4G/LTE. A nossa avaliação exaustiva permitir-nos-á quantificar as perturbações sofridas pelos utilizadores finais e identificar as áreas em que o desempenho da rede é mais afetado.
3. Ao mesmo tempo, identificaremos vulnerabilidades específicas nos protocolos 4G/LTE que são exploradas por ataques DDoS. Ao examinar estes protocolos em pormenor, poderemos identificar potenciais falhas nos protocolos de comunicação e propor medidas de segurança eficazes.
4. Por último, com base nos resultados das nossas análises, formularemos recomendações práticas para reforçar a resiliência das redes móveis 4G/LTE contra ataques DDoS. Estas estratégias incluirão medidas de prevenção, deteção e atenuação para garantir a disponibilidade e a fiabilidade dos serviços de comunicações móveis num ambiente de ameaça persistente.

Resultados esperados

Os resultados esperados deste estudo vão para além da simples identificação do impacto dos ataques DDoS. Centrar-se-ão numa compreensão aprofundada dos ataques DDoS especificamente direcionados para as redes 4G/LTE. Esta análise aprofundada abrangerá os métodos de ataque, os vectores de exploração e os padrões de tráfego malicioso específicos destes ambientes complexos. Esta compreensão constituirá a base fundamental para o desenvolvimento de contramedidas adequadas.

Como resultado, o resultado do nosso projeto incluirá a proposta de soluções inovadoras destinadas a reforçar a resiliência das redes móveis LTE contra ataques DDoS. Estas soluções basear-se-ão nas lições aprendidas com a análise aprofundada, incorporando mecanismos de deteção de ataques DDoS. O objetivo final é fornecer recomendações concretas e eficazes para otimizar a segurança das redes 4G/LTE face à ameaça persistente de ataques DDoS.

Capítulo 1: Estado da arte sobre ataques DoS/DDoS em redes 4G/LTE.

Neste capítulo, apresentamos o estado da arte sobre ataques distribuídos de negação de serviço (DoS/DDoS) em redes móveis 4G/LTE. Esta exploração tem como objetivo proporcionar uma compreensão clara dos conceitos fundamentais dos ataques DoS/DDoS, bem como uma revisão da literatura existente sobre o assunto. Este enquadramento teórico servirá de base a análises aprofundadas e a propostas de soluções para reforçar a segurança das redes móveis face a estas ameaças.

1.1. Fundamentos teóricos dos ataques DoS/DDoS

Os ataques DoS/DDoS representam uma grande ameaça à disponibilidade e segurança das redes móveis. Nesta secção, definimos os principais conceitos relacionados com os ataques DoS/DDoS, centrando-nos nas suas caraterísticas e mecanismos de funcionamento. Uma boa compreensão destes conceitos é essencial para compreender a dimensão dos riscos e vulnerabilidades inerentes às redes 4G/LTE.

1.1.1 Definições e conceitos-chave

Os ataques *de negação de serviço (DoS)* e a sua variante *distribuída (DDoS)* representam grandes ameaças à cibersegurança. Nesta secção, exploramos as diferenças entre estes dois tipos de ataque, bem como as principais caraterísticas que definem a natureza formidável dos ataques DDoS.

- *Definição e diferença entre ataques DoS e DDoS:* Os ataques DDoS (negação de serviço distribuída) diferem dos ataques DoS tradicionais pela sua capacidade de coordenar um ataque concertado utilizando um fluxo maciço de tráfego malicioso de múltiplas fontes, como "zombies" ou "botnets". Esta coordenação torna a atenuação dos ataques DDoS mais complexa do que a dos ataques DoS tradicionais.
- *Caraterísticas:* Os ataques DDoS são definidos por uma série de caraterísticas-chave que os tornam ameaças formidáveis, incluindo a sua escala, a sua diversidade, a sua capacidade de se metamorfosearem e os seus múltiplos objectivos.
    - *Escala do ataque:* os ataques DDoS mobilizam um grande número de máquinas infectadas para gerar um fluxo maciço de tráfego, excedendo frequentemente a capacidade do sistema visado para o suportar, resultando em lentidão ou indisponibilidade total dos serviços.

- *Diversidade de métodos:* os atacantes utilizam uma variedade de métodos, visando a largura de banda ou os recursos de processamento, tornando a deteção e a atenuação complexas.
- *Metamorfose e adaptabilidade:* os atacantes estão constantemente a ajustar os seus métodos para evitar a deteção, alterando a composição do tráfego ou mudando os endereços IP de origem.
- *Objectivos múltiplos:* Os ataques DDoS podem ter uma variedade de objectivos, desde a simples interrupção de serviços até motivações mais complexas, exigindo uma compreensão profunda para desenvolver contramedidas eficazes.

1.1.2 Mecanismos e técnicas de ataques DoS/DDoS

Os ataques DoS (Denial of Service - negação de serviço) e DDoS (Distributed Denial of Service - negação de serviço distribuída) são concebidos para sobrecarregar um serviço em linha, uma rede ou um sistema informático com tráfego ilegítimo, tornando o serviço inacessível aos utilizadores legítimos. São utilizados vários mecanismos e técnicas para executar estes ataques:

(1) Ataque de sobrecarga de largura de banda (Flood) :

- Descrição: inunda o alvo com um volume maciço de tráfego de rede.
- Exemplo de método: inundação de pacotes UDP ou ICMP.

(2) Ataque de esgotamento do TCP/IP :

- Descrição: força o estabelecimento de numerosas ligações TCP para saturar os recursos do servidor.
- Exemplo de método: gerar um grande número de ligações TCP ao servidor de destino.

(3) Ataque à camada de aplicação :

- Descrição: explora as vulnerabilidades das aplicações para esgotar os recursos do servidor.
- Exemplo de método: enviar um grande número de pedidos forjados para uma aplicação específica.

(4) Ataque de reflexão :

- Descrição: utilizar servidores de terceiros para amplificar o ataque.
- Um exemplo de um método: enviar pedidos falsos a servidores mal configurados que depois enviam as respostas de volta ao alvo.

(5) Ataque de amplificação :

- Descrição: explora serviços mal configurados para aumentar o poder do ataque.
- Exemplo de um método: utilizar servidores memcached mal configurados para

amplificar o tráfego.

(6) *Ataque de inundação de DNS* :

- Descrição: sobrecarrega os servidores DNS com um grande número de consultas.
- Exemplo de método: enviar um grande número de pedidos de DNS falsificados para os servidores DNS alvo.

(7) *Ataque de exaustão SSL/TLS* :

- Descrição: satura os recursos ligados aos protocolos de segurança SSL/TLS.
- Exemplo de método: enviar um grande número de pedidos de ligação segura para os servidores de destino.

(8) *Ataque de exaustão HTTP* :

- Descrição: esgota os recursos HTTP dos servidores Web com um grande número de pedidos.
- Exemplo de método: enviar um grande número de pedidos HTTP para os servidores Web alvo.

Em resumo, esta exploração das diferentes tipologias de ataques DDoS fornece uma visão da diversidade e complexidade dos métodos utilizados pelos atacantes para perturbar os serviços em linha. Uma compreensão aprofundada destas estratégias é uma base essencial para a criação de estratégias de defesa robustas e proactivas, um tópico que abordaremos na próxima secção.

1.2 Revisão da literatura

1.2.1 Arquitetura de segurança para redes 4G/LTE contra ataques DoS/DDoS

Nesta secção, apresentamos uma panorâmica da arquitetura da rede 4G/LTE e do seu mecanismo de segurança. Esta secção fornece uma compreensão básica dos ataques DoS/DDoS nas redes 4G/LTE.

1.2.1.1 Arquitetura de segurança para redes 4G/LTE

A segurança nas redes 4G/LTE é um aspeto crucial para garantir a integridade, a confidencialidade e a disponibilidade dos serviços oferecidos. Esta secção apresenta uma panorâmica pormenorizada da arquitetura de segurança destas redes, destacando os diferentes níveis de proteção e os mecanismos de gestão de chaves utilizados para combater potenciais ameaças.

1.2.1.2 Arquitetura geral das redes 4G/LTE

A rede 4G/LTE [5] baseia-se na arquitetura apresentada na Figura I.1.

[3]É constituída por uma rede de acesso via rádio denominada *E-UTRAN* e por um núcleo de rede. *A E-UTRAN* é constituída por vários nós avançados *(e-NodeBs)*, que têm a função de nós B e assumem a maior parte das funções do controlador da rede de rádio na UTRAN. [4]*O equipamento do utilizador (UE)* e o e-NodeB estão ligados através da interface rádio *(interface Uu)*. [5 6 7]Os e-NodeB estão ligados entre si através da *interface X2* e implementam principalmente as seguintes funções: gestão dos recursos de rádio, compressão do cabeçalho IP e encriptação dos dados do utilizador, ligação à *Entidade de Gestão da Mobilidade (MME)* através da interface *S1-MME4* e ligação ao *Gateway de Serviço (SGW)* através da *interface S1-U* . Para além disso, a 4G/LTE assume

---

3 *A E-UTRAN (Evolved Universal Terrestrial Radio Access Network)* é um componente fundamental da rede 4G/LTE. É a rede de acesso via rádio que evoluiu do UMTS *(Universal Mobile Telecommunication System)* do 3GPP.

4 A interface de rádio *(interface Uu)* é a ligação sem fios entre o UE e o eNodeB na rede LTE.

5 *A interface X2* é uma interface de comunicação dedicada ao intercâmbio de dados entre duas estações de base (eNodeBs). Esta interface permite que as estações de base vizinhas coordenem as suas actividades e assegurem uma transição suave dos utilizadores entre células.

6 *A S1-MME* é uma interface utilizada para ligar o eNodeB à Entidade de Gestão da Mobilidade (MME) nas redes LTE. Permite a gestão da mobilidade, a espera do utilizador e a transferência de sinalização *NAS (Non Access Stratum)*, etc.

7 S1-U é a interface utilizada nas redes LTE para ligar o eNodeB ao *Serving Gateway (SGW)*. Transporta o tráfego de dados do utilizador entre o eNodeB e a rede de base. A interface S1-U é responsável por

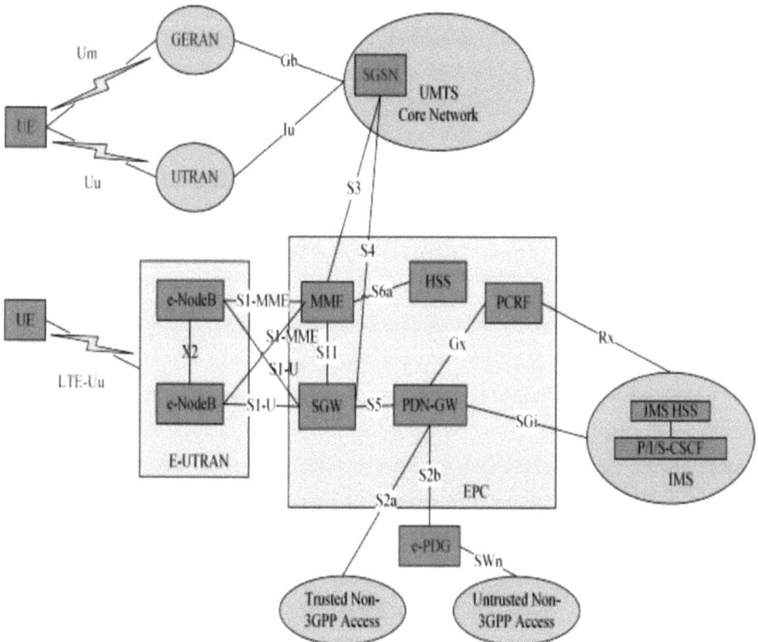

FIGURA I.1 - Arquitetura geral das redes 4G/LTE [1].

[8][9][10][11]A rede 4G/LTE também *suporta HeNBs (Home eNodeBs)* e *Relay Nodes (RN)* , e quando é implantado um grande número de HeNBs, deve ser implantado um Home Base Station Gateway. O núcleo da rede 4G/LTE é designado por rede EPC. [12][13]Fornece ligações a várias redes de acesso heterogéneas, incluindo redes de acesso 3GPP *(E-UTRAN, GERAN e UTRAN)* e redes de acesso não 3GPP *(WiMAX , CDMA2000, etc.)*. O Evolved Packet Core (EPC) é a arquitetura de rede central das redes 4G/LTE e é composto pela Mobility Management Entity (MME), responsável pela gestão dos aspectos de sinalização e mobilidade dos utilizadores, pelo Home Subscriber Server (HSS), pelo SGW, pelo Packet Data Gateway (PDN-GW) e pela Policy and Pricing Rules Function (PCRF).

O EPC separa a superfície de controlo da superfície do utilizador. O MME fornece as funções da superfície de controlo e o SGW fornece as funções da superfície do utilizador. O MME aloja as seguintes funções: sinalização NAS, segurança da sinalização NAS, controlo da segurança do estrato de acesso (AS), gestão da mobilidade em espera, controlo dos portadores, etc., enquanto o HSS fornece serviços para a rede de base 4G/LTE e a rede IMS como base de dados central. O MME liga-se ao HSS através da interface S6a para transferir dados de autenticação. As principais funções do SGW são o encaminhamento e o encaminhamento. O PDN-GW tem como principais funções a atribuição de endereços IP da UE, a filtragem de pacotes e a monitorização legítima. A PCRF tem como função principal a tarifação baseada em fluxos e o controlo da rede no que respeita à deteção de fluxos de dados de serviço para garantir a qualidade do serviço (QoS). As redes de acesso fiáveis e não fiáveis não 3GPP são redes de acesso IP cujas especificações estão fora do domínio 3GPP. A funcionalidade do Evolved Packet Data Gateway (e-PDG) inclui a atribuição e o transporte remotos de endereços IP, a âncora de

---

a transferência de pacotes de dados do utilizador de e para o SGW, assegurando que os dados são transmitidos de forma eficiente e fiável.

10 *Os HeNBs ou Home eNodeBs* são também conhecidos como femtocells.

11 *Os nós de retransmissão (RN)* referem-se a elementos da rede que actuam como retransmissores de dados entre as estações de base (eNodeBs) e a rede de base. Estes nós de retransmissão são também conhecidos como *retransmissores de eNodeB (eNB-R)* ou *nós de retransmissão (RN).*

12 *A E-UTRAN, a GERAN e a UTRAN* são componentes essenciais das redes 4G/LTE. *A E-UTRAN (Evolved Universal Terrestrial Radio Access Network)* é a rede de acesso via rádio para a tecnologia LTE, a GERAN *(GSM EDGE Radio Access Network)* é utilizada para as tecnologias GSM e EDGE, enquanto *a UTRAN (Universal Terrestrial Radio Access Network)* era a rede de acesso via rádio utilizada nos sistemas UMTS. Estas redes desempenham um papel crucial na prestação de serviços de comunicações móveis em diferentes gerações de tecnologias sem fios.

13 O WiMAX (Worldwide Interoperability for Microwave Access) é uma tecnologia de comunicações sem fios de banda larga concebida para fornecer acesso à Internet de alta velocidade a longas distâncias. Funciona em frequências de rádio entre 2 GHz e 11 GHz, proporcionando uma cobertura alargada e transmissão de dados a alta velocidade.

mobilidade local em redes de acesso não fiáveis, a autenticação e autorização de túneis, etc.

Na rede 4G/LTE, a rede IMS é utilizada para gerir serviços de comutação de pacotes, como o VoLTE. Além disso, as redes GSM e UMTS suportam procedimentos de fallback de comutação de circuitos (CSFB). Estes podem ser acionados quando a IMS não está a ser utilizada. O IMS é um poderoso quadro implementado pela rede LTE/LTE-A para fornecer vários tipos de serviços multimédia, como VoLTE, Serviço de Mensagens Curtas (SMS), vídeo em fluxo contínuo, etc. O IMS é constituído pelos planos do utilizador, de controlo e de aplicação. O plano do utilizador é uma aplicação SIP (Session Initiation Protocol) inserida nos dispositivos. A principal função do plano de controlo é o controlo das sessões. O plano de controlo inclui a função de controlo da sessão de chamada (CSCF) e o HSS. A CSCF pode ser dividida em funções de controlo da sessão de chamadas proxy (P-CSCF), funções de controlo da sessão de chamadas de interrogação (I-CSCF) e funções de controlo da sessão de chamadas de serviço (S-CSCF). Cada uma delas tem um endereço IP visível no Serviço de Nomes de Domínio (DNS). O P-CSCF é o primeiro ponto de ligação quando o utilizador se liga à rede IMS, transferindo os pedidos de registo SIP e as mensagens SIP para o servidor SIP. O I-CSCF atribui um S-CSCF a cada utilizador que efectua um registo SIP e encaminha os pedidos de entrada para o S-CSCF atribuído. O S-CSCF executa serviços de controlo de sessão, tais como o registo SIP e os pedidos de serviço de entrada. O HSS guarda as informações do utilizador IMS e efectua a autenticação do utilizador no processo de registo do utilizador. O plano de aplicação é constituído por servidores de aplicações que podem fornecer diferentes serviços, como VoLTE, SMS, etc. A transmissão de dados de sinalização no IMS baseia-se no SIP e os dados de pacotes são transmitidos principalmente com base no protocolo de transporte em tempo real (RTP). A camada SIP é de grande importância no IMS, controlando vários serviços multimédia. Mas tem várias vulnerabilidades devido à sua natureza baseada em texto, o que significa que o sistema IMS pode ser afetado por ataques relacionados com o SIP.

1.2.1.3 Segurança da rede 4G/LTE

Nesta secção, começamos por apresentar uma panorâmica da arquitetura de segurança destas redes, seguida da hierarquia das chaves de segurança e da gestão das chaves de transferência no contexto da 4G/LTE. Por último, analisamos a segurança do *Subsistema Multimódia IP* (IMS).

- *Arquitetura de segurança da rede 4G/LTE:* Esta secção descreve os cinco níveis de segurança definidos pelo 3GPP [6] para fazer face a determinadas ameaças e requisitos de segurança. Como mostra a figura I.2, estes níveis incluem a segurança do acesso à rede *(I)*, a segurança do domínio da rede *(II)*, a segurança do domínio do utilizador *(III)*, a segurança do domínio da aplicação *(IV) e* a visibilidade e configurabilidade da segurança *(V).*

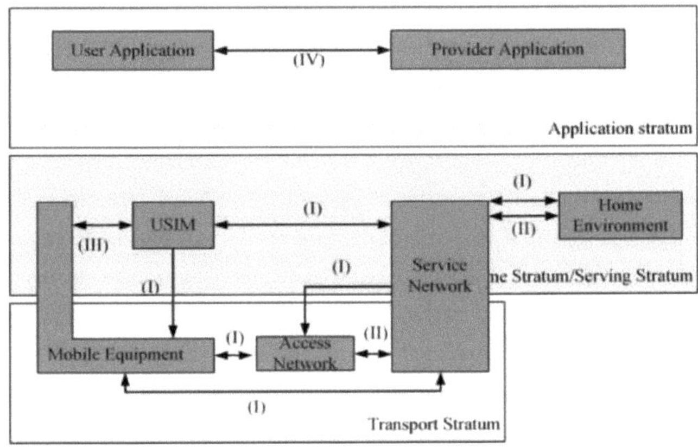

FIGURA I.2 - Arquitetura de segurança da rede 4G/LTE (Fonte [1])

— *Hierarquia das chaves de segurança:* As redes 4G/LTE utilizam uma função de derivação de chaves para gerar várias chaves, como mostra a figura I.2. Estas chaves incluem K (chave mestra permanente), CK e IK *(chaves de cifragem e de integridade), KASME (chave de sessão partilhada entre o UE e o MME), KeNB (chave de cifragem para o nó B), KNASint* e *KNASenc (chaves para proteger o tráfego NAS)* e *KUPenc* e *KRRCint/KRRCenc (chaves para proteger o tráfego de controlo dos recursos rádio e o tráfego dos utilizadores).*

— *Gestão das chaves de transferência:* Esta secção abrange a gestão das chaves de transferência para transferências inter-radiológicas de tecnologias de acesso e transferências intra-E-UTRAN. Especifica os procedimentos para as transferências intra e inter-MME, com ênfase na separação de chaves para garantir a segurança durante as transferências.

— [14][15]*Segurança IMS:* Antes de os utilizadores poderem aceder aos serviços multimédia, *o*

[14] *O EPS-AKA (Evolved Packet System-Authentication and Key Agreement)* é um protocolo utilizado nas redes 4G/LTE para a autenticação e o estabelecimento de chaves de segurança entre o dispositivo do utilizador (e a rede de base *(EPC, Evolved Packet Core).* O processo EPS-AKA é uma evolução do protocolo AKA (Authentication and Key Agreement) utilizado em redes móveis anteriores, como as redes 3G.

[15] *O IMS-AKA (IP Multimedia Subsystem Authentication and Key Agreement)* é um mecanismo utilizado nas redes 4G/LTE para autenticar e trocar chaves de segurança entre o utilizador e a rede de telecomunicações. Faz parte do protocolo de autenticação e de gestão da segurança definido pelo 3GPP

EPS-AKA e *o IMS-AKA* têm de ser autenticados. O IMS atribui um novo

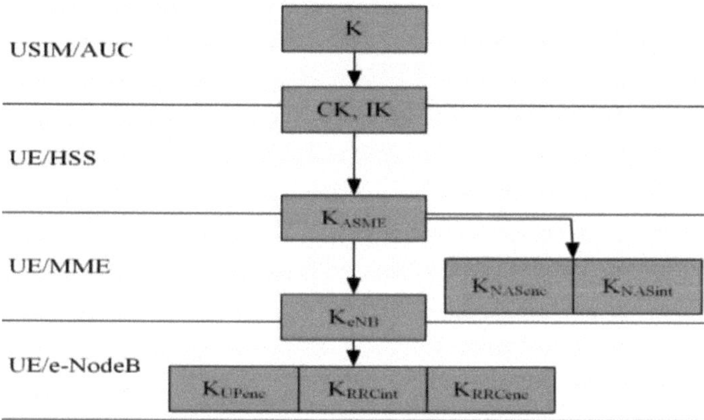

FIGURA I.3 - Hierarquia das chaves de segurança 4G/LTE (Fonte [1])

módulo de identidade do assinante (ISIM) em cada UE, que armazena as chaves de autenticação IMS necessárias para intercâmbios seguros.

1.2.1.4 Hierarquia das chaves de segurança nas redes 4G/LTE

A rede 4G/LTE [1] utiliza a função de derivação de chaves para derivar várias chaves. A hierarquia é apresentada na Figura I.3 da seguinte forma:

- [16]K é uma chave mestra permanente armazenada de forma segura tanto no USIM como no *Centro de Autenticação (AuC)*.
- [17][18]*CK* e *IK* são chaves de cifragem e de integridade derivadas de *K* no *USIM* e *AuC* para

---

para as redes 4G/LTE.

16 *O Centro de Autenticação (AuC)*, também conhecido como Registo de Localização Doméstica (HLR/AuC), é um componente essencial das redes de telecomunicações móveis. O AuC é responsável pela gestão das informações de autenticação e segurança dos assinantes móveis de um operador de rede.

17 *CK (Ciphering Key)* é a chave de cifragem utilizada para cifrar os dados do utilizador *(como chamadas de voz, mensagens de texto, dados da Internet)* antes da transmissão através da interface aérea entre o dispositivo do utilizador e a estação de base LTE (eNodeB). A encriptação de dados com CK garante a confidencialidade das informações trocadas através da rede sem fios.

18 *IK (Integrity Key)* é a chave de integridade utilizada para gerar códigos *ICV (Integrity Check Value)* que são transmitidos com os dados do utilizador através da interface aérea. Os ICVs são utilizados para verificar a integridade dos dados quando estes são recebidos pela estação de base LTE, garantindo que não foram alterados ou modificados durante a transmissão.

cifragem e verificação da integridade, respetivamente.

— [19]*A KASME* é derivada da CK e da IK e é partilhada entre a UE e a MME para gerar uma série de chaves de sessão.

— *O KeNB (Key eNodeB)* é derivado do *KASME* na UE e no MME ou num e-NodeB de destino, dependendo do estado da UE.

— [20][21]*KNASint* e *KNASenc* são um par de chaves derivadas da KASME pela UE e pela MME para proteger o tráfego NAS.

— *A KUPenc* é derivada do *KeNB* no UE e no e-NodeB para proteger o tráfego no plano do utilizador. A segurança destas chaves é essencial para evitar ataques DoS/DDoS, uma vez que protegem os canais de comunicação vitais da rede.

1.2.1.5 Gestão de chaves de transferência em redes 4G/LTE

[22][23]A gestão das chaves durante as transições de transferência entre células 4G/LTE inclui dois tipos de transferência intra-E-UTRAN: *transferência intra-MME* e *transferência inter-MME* . A transferência intra-MME ocorre entre dois e-NodeBs ligados ao mesmo MME através da interface X2, enquanto a transferência inter-MME envolve o MME através da interface S1. A transferência inter-MME utiliza sempre o procedimento *EPS-AKA* completo para garantir um ambiente seguro, enquanto a transferência intra-MME se limita a transferir um novo KeNB de um e-NodeB de origem para um e-NodeB de destino. Para garantir a segurança, a separação de chaves back-end é conseguida utilizando uma função hash unidirecional, impedindo o e-NodeB de derivar chaves de sessões passadas a partir das chaves actuais. Além disso, é necessária uma separação de chaves de avanço para impedir que o e-NodeB de origem preveja a chave do

---

19 *KASME* é a chave de sessão de autenticação de mobilidade universal *(Key for Authentication and Security Management Entity)*. Em LTE, a chave KASME é derivada da *chave de encriptação (CK)* e da *chave de integridade (IK)*. Estas duas chaves são fornecidas pela rede do operador e são utilizadas para proteger as comunicações entre o UE e a rede LTE.

20 KNASint é a chave de segurança *NAS (Integridade NAS)*. A chave KNASint é utilizada para garantir a integridade das mensagens trocadas entre a UE e a rede na camada NAS.

21 *KNASenc* é a chave de segurança *NAS (NAS Encryption)*. Esta chave é utilizada para cifrar as mensagens trocadas entre o UE e a rede na camada NAS em redes 4G/LTE.

22 *A transferência intra-MME" (Entidade de Gestão da Mobilidade)* é o processo de transferência contínua da sessão de dados de um utilizador entre diferentes células de rádio, mantendo a ligação com o mesmo MME na rede LTE.

23 *A transferência inter-MME (Entidade de Gestão da Mobilidade)* é um processo crucial nas redes 4G/LTE que permite que a sessão de comunicação de um utilizador seja transferida sem problemas de um MME para outro, mantendo a conetividade e a qualidade do serviço.

e-NodeB de destino. Isto é conseguido utilizando a chave Next Hop (NH) e o *contador de encadeamento NH (NCC)* para gerar novas chaves. A chave KeNB pode ser derivada utilizando dois procedimentos:

derivação horizontal ou derivação vertical. O primeiro procedimento deriva a chave KeNB do KeNB anterior quando não existe um novo par *(NH, NCC)* ou quando o valor NCC no eNodeB de origem não é inferior ao recebido do MME. O segundo procedimento, que é mais comum e seguro, utiliza a chave NH recebida do MME para derivar a chave KeNB quando o valor NCC no eNodeB de origem é inferior ao recebido do MME.

1.2.1.6 Segurança IMS

A gestão de chaves durante as transições de transferência entre células 4G/LTE é essencial para garantir a continuidade do serviço. Antes de um utilizador poder aceder a serviços multimédia, deve ser efectuada a autenticação *EPS-AKA* e *IMS-AKA* [1, 7]. No contexto do IMS, cada utilizador recebe um novo módulo de identificação *IMS (ISIM)* semelhante ao *USIM* utilizado para se ligar à rede 4G/LTE. O ISIM armazena as chaves de autenticação IMS e as suas funções associadas. [24]*O S-CSCF* processa os pedidos de autenticação dos utilizadores utilizando o HSS, que possui uma cópia das chaves de autenticação IMS. No entanto, este procedimento apresenta potenciais vulnerabilidades de segurança, nomeadamente durante as transferências. Devem ser adoptadas medidas de segurança adequadas para proteger as informações sensíveis trocadas durante estas transições, tais como a cifragem dos dados e a verificação da integridade das mensagens.

1.2.2 Taxonomia dos ataques DoS/DDoS específicos das redes 4G/LTE

Nesta secção, apresentamos uma taxonomia dos ataques DoS/DDoS específicos das redes 4G/LTE que também foi proposta por He et al [1]. [25]Com efeito, a rede 4G/LTE implantada em todo o mundo pelo seu excelente desempenho enfrenta, no entanto, novas ameaças devido às novas caraterísticas da sua arquitetura [5, 6], como a *conetividade IP* e *a plena interoperabilidade com redes de acesso sem fios heterogéneas.* Os ataques 4G/LTE propostos na última década são resumidos na presente secção. A Figura I.4 descreve a taxonomia dos ataques 4G/LTE em

24 *A S-CSCF (Serving-Call Session Control Function)* é um elemento-chave da arquitetura do IP Multimedia Subsystem (IMS), utilizado para fornecer serviços multimédia em redes LTE.

25 *A conetividade IP* em 4G/LTE baseia-se num conjunto de protocolos e tecnologias que permitem aos dispositivos ligarem-se à rede LTE, estabelecerem sessões de dados, encaminharem pacotes IP e garantirem a qualidade do serviço (QoS) para diferentes aplicações e tipos de tráfego.

função da estrutura da rede.

Categoria	Subcategoria	Ataques
Rede de acesso	Divulgação do IMSI	
	Rastreio de localização	
	FR Jamming Spoofing & Sniffing	
	Ataques de dessincronização	
	Ataques DoS/DDoS	Ataques DDoS lançados por botnets Ataques DoS de sinalização
	Ataques a estações de base desonestas	
	Outros ataques	Ataques de repetição Ataques de escutas
Rede principal	Ataques DoS/DDoS Ataques internos	Sobrecarga de HSS Sobrecarga do SGW
Rede IMS	Ataques relacionados com o SIP	Ataques em VoLTE Ataques DoS de inundação SIP Ataques de chamadas silenciosas
		VoLTE Spamming, Spoofing e Phishing SMS Spamming, Spoofing Ataques aos serviços alimentados por SMS
	Ataques em SMS Carregamento anormal em VoLTE Ataques de inundação TCP/SYN Ataques de injeção de SQL	
Equipamento do utilizador	Botnet móvel Malware móvel	

Figura I.4 - Taxonomia dos ataques em redes 4G/LTE [1].

1.2.2.1 Ataques à rede de acesso

Nesta secção, analisamos principalmente os ataques significativos à rede de acesso 4G/LTE, com especial destaque para os ataques DoS/DDoS.

— *Divulgação da Identidade Internacional de Assinante Móvel (IMSI)*: a IMSI é um identificador permanente de um assinante, que deve ser transmitido com a menor frequência possível para garantir a confidencialidade da identidade do assinante. As especificações 4G/LTE minimizam a frequência de transmissão do IMSI na interface rádio. A divulgação do IMSI pode dar a conhecer informações sobre o assinante, a sua localização e mesmo as suas conversas, permitindo aos atacantes lançar ataques DoS [8]. Vários ataques para obter o IMSI foram propostos na literatura, como os descritos por Rao et al [9] e Holtmanns et al [10].

— Localização: os dados de localização dos utilizadores de telemóveis são considerados informações pessoais privadas. Os avanços nas tecnologias de localização e nos serviços baseados na localização constituem também uma ameaça à privacidade dos utilizadores. [26][27]Os ataques de divulgação da localização foram descritos por Rao et al [9] e Holtmanns et al [10] explorando protocolos como o *Instantaneous Downlink Rate (IDR)* e o *User Data Rate (UDR)* .

— *Interferência, falsificação e interceção* de RF: as redes sem fios são vulneráveis a ataques de interferência, falsificação e interceção de RF, que podem causar ataques DoS diminuindo a relação sinal/ruído dos sinais recebidos. Foram identificados ataques como o empastelamento de sinais de temporização e o empastelamento de canais de controlo físico [11-13].

— [28]*Ataques DoS/DDoS*: Os ataques DoS e DDoS são graves para as redes 4G/LTE e podem ser lançados por atacantes individuais ou botnets . Métodos como os ataques de interferência de RF e os ataques de interferência de canais de controlo podem causar ataques DoS. Os ataques DDoS podem explorar recursos de rede limitados e afetar os serviços para utilizadores legítimos [2, 14].

— *Ataques de dessincronização*: foram propostos ataques de dessincronização, com o objetivo de perturbar a gestão das transferências intra-MME. Han e Choi [15] descreveram um esquema de ataque de dessincronização com o objetivo de comprometer o processo de transferência de chaves.

— *Ataques* a estações de base falsas: os ataques que utilizam estações de base falsas podem ser utilizados para localização, ataques DoS e até ataques man-in-the-middle (MITM) [16].

— *Outros ataques*: para além dos ataques mencionados, existem outros ataques, como os

---

26 *A taxa de dados instantânea (IDR)* refere-se à taxa real de transmissão de dados através do canal sem fios numa rede 4G/LTE.

27 *A taxa de dados do utilizador (UDR)* é a taxa média de transferência de dados experimentada pelo utilizador durante um período de tempo numa rede 4G/LTE.

28 As "botnets" referem-se a redes de dispositivos comprometidos (como smartphones, tablets ou dispositivos IoT) que foram infectados com software malicioso, muitas vezes sem o conhecimento dos seus proprietários. Estes dispositivos comprometidos, também conhecidos como "bots" ou "zombies", podem ser controlados remotamente por um servidor central, normalmente operado por cibercriminosos.

ataques de repetição e os ataques de escuta, que representam potenciais ameaças à segurança da rede [17].

1.2.2.2 Ataques à rede principal

Nesta secção, exploramos os diferentes tipos de ataque à rede principal 4G/LTE.

— *Ataques DoS/DDoS*: Os ataques aos elementos da rede de base constituem uma séria ameaça à transmissão normal de dados na rede 4G/LTE. Os botnets móveis podem ser utilizados para lançar ataques DDoS na rede de acesso, mas também para inundar elementos da rede de base, como o MME, o SGW e o PDN-GW, iniciando repetidamente procedimentos de ligação [2].

Sobrecarga do HSS: o HSS desempenha um papel crucial na EPC, armazenando informações do assinante, como o IMSI, informações sobre faturação e conta, bem como chaves de autenticação. A sobrecarga do HSS pode afetar o desempenho do serviço de rede, por exemplo, através do envio constante de falsos IMSIs para o HSS.

Sobrecarga do SGW: são apresentados vários casos de sobrecarga do SGW, nomeadamente o envio maciço de mensagens de configuração de sessões ou o desencadeamento frequente de procedimentos TAU.

— *Ataques* internos: os ataques internos são frequentemente ignorados, mas podem ser efectuados por indivíduos com privilégios de acesso a elementos específicos da rede, perturbando as comunicações normais na rede de base 4G/LTE. Por exemplo, uma pessoa infiltrada pode desligar física ou remotamente um nó de rede na rede de base ou desligar uma estação de base [14].

1.2.2.3 Ataques ao IMS

O IMS sofre vários ataques relacionados com o SIP porque o protocolo SIP é baseado no contexto, e o IMS é vulnerável a muitos ataques comuns da Internet devido à sua conetividade com a Internet. Nesta secção, analisamos alguns ataques relacionados com o SIP e a sua extensão aos serviços IMS.

— *Ataques relacionados com o SIP no IMS :*

(i) Os ataques mais graves no IMS estão relacionados com o SIP, como os ataques de inundação SIP. [29][30]Estes ataques podem ser lançados através do envio de uma

29 "SIP REGISTER" é a mensagem que regista um telemóvel/terminal com o servidor SIP *(Session Initiation Protocol)*. O SIP é um protocolo de sinalização utilizado para iniciar, manter e terminar sessões em tempo real, tais como chamadas de voz e vídeo através de redes IP.

30 "SIP INVITE" é a mensagem SIP *(Session Initiation Protocol)* enviada para iniciar uma sessão de

grande quantidade de mensagens SIP, tais como mensagens SIP REGISTER ou SIP INVITE com um endereço IP de origem forjado, a fim de causar o esgotamento de recursos e ataques de negação de serviço (DoS) [18].

(ii) As mensagens SIP são facilmente descodificadas, o que permite aos atacantes modificar, distorcer ou falsificar mensagens SIP para lançar ataques como a injeção de mensagens SIP falsas [18].

— *Ataques ao VoLTE :*

(i) Ataques de inundação SIP DoS: um atacante pode enviar uma grande quantidade de mensagens SIP para o P-CSCF utilizando vários dispositivos para esgotar os recursos do serviço VoLTE [19].

(ii) Ataques de chamadas silenciosas: um atacante pode enviar mensagens de sinalização de chamadas a uma vítima, forçando-a a permanecer num estado RRC de alta potência, o que pode esgotar rapidamente a bateria da vítima [20].

(iii) VoLTE spamming: um atacante pode utilizar sistemas de chamada automática para telefonar aleatoriamente a assinantes normais e transmitir mensagens comerciais [21].

(iv) Falsificação VoLTE: um atacante pode modificar o número do autor da chamada no cabeçalho da mensagem SIP para enganar a vítima [21].

(v) Phishing VoLTE: os ataques de falsificação acima referidos podem ser utilizados para enganar a vítima e causar prejuízos financeiros [21].

— *Ataques a SMS :*

(i) SMS spamming: SMS spam são mensagens não desejadas enviadas para dispositivos móveis [22, 23].

(ii) Falsificação de SMS: um atacante pode enviar mensagens em nome de outro utilizador de telemóvel sem o seu consentimento [22, 23].

(iii) Ataques aos serviços SMS: as empresas utilizam frequentemente os SMS para interagir com os seus clientes, mas estes serviços podem estar sujeitos a ataques como o sequestro de contas [22, 23].

— *Faturação anormal em VoLTE:* os ataques podem explorar a falta de controlo do acesso em VoLTE para obter livre acesso aos serviços VoLTE ou para realizar ataques de negação de serviço [24, 25].

— *Ataques de inundação TCP/SYN:* estes ataques exploram vulnerabilidades no protocolo TCP para lançar ataques de negação de serviço (DoS).

— *Ataques de injeção de SQL*: os ataques de injeção de SQL permitem que os atacantes

---

comunicação, como uma chamada de voz ou uma sessão multimédia.

modifiquem os dados nos proxies SIP, causando uma negação de serviço no procedimento de autenticação entre o UE e o P-CSCF.

1.2.2.4 Ataques ao equipamento do utilizador (UE) ou a dispositivos móveis

A segurança móvel é também de grande importância na segurança 4G/LTE. As principais ameaças à segurança dos telemóveis são os *botnets móveis* e *o malware móvel.*

As botnets móveis são um poderoso ataque às redes móveis, lançado por um grande número de dispositivos móveis infectados. [31]Para além dos ataques de negação de serviço (DoS/DDoS), as botnets também podem roubar dados dos bots para um *mestre da botnet.* O canal de comando mais comum na rede 4G/LTE é o SMS, uma vez que este é amplamente utilizado. Existem muitas abordagens para enviar SMS a baixo custo, como algumas interfaces Web que fornecem serviços SMS gratuitos. Isto torna a botnet móvel baseada em SMS eficiente e económica [1].

O malware móvel tem um impacto sério na segurança das redes LTE/LTE-A, pois pode ser explorado pelos atacantes para lançar ataques como os ataques de negação de serviço (DoS), os ataques de botnets móveis, os ataques de spam por SMS e os ataques de faturação anormal. Além disso, o malware móvel pode ter comportamentos maliciosos, incluindo a criação de backdoors, o roubo de dados sensíveis e a elevação de privilégios [1].

Conclusão

Neste capítulo, propusemos uma análise aprofundada dos ataques DoS/DDoS nas redes 4G/LTE, começando por explorar os fundamentos teóricos destes ataques. De seguida, clarificamos as diferenças entre os ataques DoS e DDoS, salientando a maior complexidade dos ataques DDoS devido à sua capacidade de coordenar ataques em grande escala a partir de múltiplas fontes. As principais caraterísticas dos ataques DDoS são também examinadas, incluindo a sua escala, diversidade, capacidade de se transformar e objectivos múltiplos.

Em seguida, analisámos a arquitetura de segurança das redes 4G/LTE, fornecendo uma panorâmica detalhada da arquitetura da rede e dos seus mecanismos de segurança. A análise da hierarquia das chaves de segurança nas redes 4G/LTE realça a importância da gestão de

31 No contexto das redes 4G/LTE, o termo *"botnet master"* refere-se ao controlador ou operador de uma botnet, ou seja, uma rede de dispositivos comprometidos *(frequentemente designados por bots)* que são controlados e coordenados remotamente para realizar actividades maliciosas, como o lançamento de ataques distribuídos de negação de serviço (DDoS), a disseminação de malware ou o roubo de informações sensíveis.

chaves durante as transições de transferência entre células LTE, com especial incidência na segurança IMS. Finalmente, neste capítulo, explorámos os ataques à rede de acesso, à rede de base, ao IMS e aos dispositivos móveis, destacando ameaças significativas como as botnets móveis e o malware móvel.

Capítulo 2: Técnicas de deteção de ataques DDOS em redes 4G/LTE

2.1. Técnicas de deteção de ataques DDoS

Para que os ataques DDoS nas redes 4G/LTE possam ser eficazmente combatidos, é imperativo dispor de métodos e técnicas de deteção robustos. Por conseguinte, esta secção analisará as diferentes abordagens utilizadas para detetar estes ataques específicos, fornecendo uma panorâmica essencial das estratégias de defesa disponíveis no contexto das comunicações móveis (Quadro II.1).

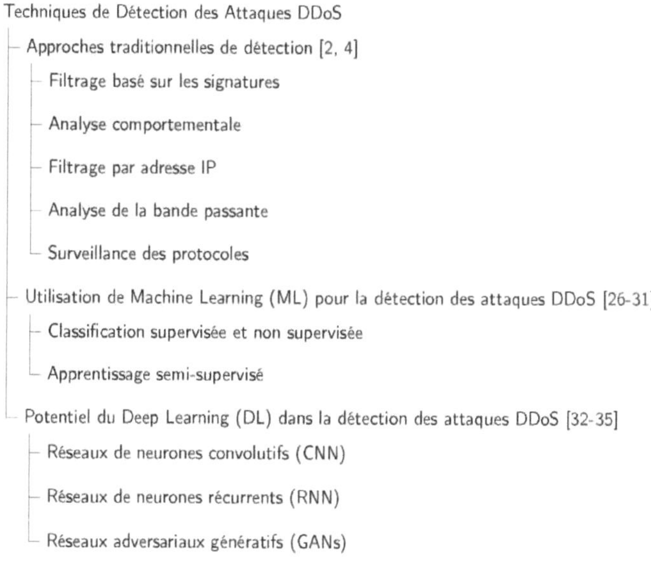

FIGURA II.1 - Classificação das técnicas de deteção de ataques DDoS

2.1.1 Abordagens de deteção tradicionais

Nesta subsecção, analisamos os métodos tradicionais utilizados antes do advento das técnicas de aprendizagem automática e de aprendizagem profunda. Estas abordagens baseiam-se geralmente em regras e limiares de deteção predefinidos para identificar ataques DDoS. Estas abordagens centram-se geralmente em mecanismos de filtragem de tráfego anormal ou suspeito, utilizando técnicas como a :

— *Filtragem baseada em assinaturas:* esta abordagem baseia-se na comparação do tráfego observado com assinaturas pré-estabelecidas de comportamento malicioso. Quando é detectada uma correspondência, a atividade é identificada como um ataque DDoS [2].

— *Análise comportamental:* esta abordagem monitoriza o comportamento do tráfego na rede e identifica anomalias com base em padrões pré-estabelecidos. Por exemplo, um aumento súbito do tráfego para um único destino pode indicar um ataque DDoS [2].

— *Filtragem de endereços IP:* este método consiste em bloquear o tráfego proveniente de endereços IP suspeitos ou identificados como potenciais fontes de ataques DDoS. Este método pode basear-se em listas negras de endereços IP conhecidos por estarem associados a ataques [2].

— *Análise da largura de banda:* através da monitorização e análise da largura de banda da rede, os ataques DDoS podem ser detectados através da identificação de picos invulgares ou padrões de tráfego anormais [4].

— *Monitorização dos protocolos:* esta abordagem centra-se na análise dos protocolos de rede para detetar anomalias ou comportamentos não conformes que possam indicar um ataque DDoS [4].

Estas abordagens tradicionais de deteção de ataques DDoS [2, 4], embora eficazes em muitos casos, podem ser limitadas em termos da sua capacidade de detetar novas formas de ataque ou de lidar com cargas de tráfego muito elevadas.

2.1.2 Utilizar a aprendizagem automática para detetar ataques DDoS

A utilização de técnicas de aprendizagem automática tem-se revelado promissora na deteção e mitigação de ataques de negação *de serviço distribuído (DDoS)*, que são uma ameaça persistente às redes de comunicação modernas, incluindo as redes 4G/LTE. Vários trabalhos de investigação [26-31] exploraram esta abordagem no contexto específico das redes LTE.

Ayyaz et al [26] propuseram um novo esquema de segurança para evitar ataques DoS em redes 4G LTE. A sua abordagem implementa mecanismos de aprendizagem automática para monitorizar e detetar actividades maliciosas, proporcionando proteção contra ataques DDoS.

Bahashwan et al. em [27] analisam em profundidade as abordagens de aprendizagem automática (ML) e de aprendizagem profunda (DL) para detetar ataques DDoS em redes definidas por software (SDN). Embora o estudo forneça uma panorâmica abrangente do trabalho existente, poderia beneficiar de uma análise mais crítica da qualidade dos dados utilizados nos estudos primários. Além disso, o documento salienta a necessidade de abordar os desafios remanescentes, mas uma discussão mais pormenorizada das potenciais soluções teria sido gratificante.

[1]Em [28], Setia et al. propõem uma nova estrutura arquitetónica para capturar e analisar os fluxos de rede em ambientes *VANET em nuvem*, utilizando técnicas de aprendizagem automática para a classificação e análise preditiva de ataques DDoS. [32]A tónica é colocada na melhoria da segurança das implantações *VANET em nuvem*, com uma precisão de deteção de ataques que atinge 99,59%. No entanto, apesar destes resultados promissores.

O estudo de Sharif et al [29] aborda a deteção de ataques DDoS na camada de aplicação, centrando-se na utilização de várias ferramentas de ataque DDoS disponíveis gratuitamente. O estudo utiliza a aprendizagem automática para detetar estes ataques, com uma técnica de seleção de caraterísticas para melhorar a eficiência do modelo. Os resultados mostram um desempenho impressionante, com uma exatidão de 96%, uma pontuação de 98% e uma pontuação F1 de 97%.

Em [30], Almaraz-Rivera et al. 2022 dão um contributo significativo para a deteção de ataques DDoS em redes IoT utilizando modelos de aprendizagem automática e aprendizagem profunda. O estudo realça a importância crescente da segurança num ecossistema IoT cada vez mais conectado, destacando a necessidade de detetar estes ataques de forma eficaz e rápida. Os autores propõem uma abordagem baseada na aprendizagem automática (ML) e na aprendizagem profunda (DL) para detetar ataques DDoS nas camadas de transporte e de aplicação.

[33]Alashhab et al. no estudo *"A Survey of Low Rate DDoS Detection Techniques Based on Machine Learning in Software-Defined Networks"* [31], explora técnicas de deteção de ataques DDoS *de baixa taxa (LDDoS)* em redes definidas por software (SDN) utilizando abordagens de aprendizagem automática. O estudo salienta a importância crescente da segurança nas SDN devido à sua adoção generalizada e à sua arquitetura centralizada, destacando simultaneamente os desafios específicos colocados pelos ataques LDDoS.

Um dos pontos fortes deste estudo [31] reside na sua abordagem abrangente da análise de diferentes técnicas de deteção de ataques LDDoS utilizando a aprendizagem automática em redes SDN. Ao centrarem-se na utilização da aprendizagem automática, os autores reflectem

32 *A Nuvem VANET* refere-se à integração de *Redes Ad-Hoc de Veículos (VANETs)* com uma infraestrutura de computação em nuvem. As VANET são redes constituídas por veículos equipados com dispositivos de comunicação que lhes permitem comunicar entre si e com a infraestrutura rodoviária.

33 *LDDoS (Low-and-Slow Denial of Service)* é um tipo de ataque cibernético concebido para perturbar a disponibilidade de um sistema ou rede alvo. Ao contrário dos ataques tradicionais de negação de serviço (DoS), que inundam o alvo com um elevado volume de tráfego durante um curto período de tempo, os ataques LDDoS são mais subtis e visam esgotar os recursos do alvo durante um longo período de tempo.

uma abordagem inovadora ao desafio colocado pelos ataques LDDoS, que exigem técnicas de deteção mais sofisticadas do que os ataques DDoS tradicionais. Esta abordagem realça a importância crescente da integração da inteligência artificial na segurança das redes para fazer face a ameaças cada vez mais complexas.

Em geral, estes estudos [26-31] sublinham a potencial eficácia da aprendizagem automática na deteção de ataques DDoS em redes 4G/LTE.

2.1.3 O potencial da aprendizagem profunda (DL) na deteção de ataques DDoS

Nesta subsecção, analisamos o potencial das técnicas de *aprendizagem profunda (DL)* na deteção de ataques DDoS em redes 4G/LTE. As técnicas de *aprendizagem profunda (DL)* têm a capacidade de identificar anomalias nos dados de tráfego de rede em padrões complexos. As redes neurais profundas podem ser treinadas para reconhecer comportamentos maliciosos sem necessidade de regras específicas para o ataque.

[34]Na literatura, Ahmadi et al [32] propuseram um esquema para detetar e prever ataques DDoS num *ambiente IoT urbano real* utilizando a aprendizagem *profunda federada*. O seu modelo explora as capacidades da aprendizagem profunda para analisar padrões de tráfego e detetar anomalias associadas a ataques DDoS. Demonstraram que a sua abordagem atinge um elevado desempenho em termos de precisão e de taxa de perda (taxas de precisão e de perda de 0,953 e 0,0369, respetivamente), preservando simultaneamente a confidencialidade dos dados de tráfego.

Roopak et al [33] propuseram modelos de aprendizagem profunda para a cibersegurança em redes IoT, centrando-se em particular na deteção de ataques DDoS. Os seus modelos foram avaliados utilizando conjuntos de dados reais *(CICIDS2017 [35])* e revelaram uma elevada precisão na deteção de ataques DDoS. Os autores afirmam ter alcançado uma precisão de deteção de ataques DDoS de 97,16% utilizando os conjuntos de dados *CICIDS2017*, comparando os seus modelos com algoritmos tradicionais de aprendizagem automática, demonstrando a eficácia superior da aprendizagem profunda neste contexto.

Gupta et al [34] propõem uma perspetiva interessante baseada em Big Data e Deep Learning para detetar ataques DDoS num ambiente de computação em nuvem. A sua técnica combina a análise de Big Data com algoritmos de aprendizagem profunda para filtrar pacotes

34 *A aprendizagem profunda federada (FDL)* é uma abordagem emergente da aprendizagem automática e da aprendizagem profunda que aborda os desafios de privacidade e escalabilidade associados aos sistemas de aprendizagem centralizados tradicionais. Na aprendizagem federada, em vez de recolher e agregar dados num servidor central, o processo de aprendizagem é descentralizado e ocorre localmente em dispositivos ou nós individuais.

maliciosos. [35]Utilizaram o conjunto de dados *KDDCUP99* para treinar e testar o seu modelo, obtendo uma elevada precisão de 99,73% na deteção de ataques DDoS.

Todos os trabalhos [32-34] referidos nesta secção destacam a capacidade da aprendizagem profunda para detetar de forma bastante eficiente ataques DDoS em vários ambientes, desde redes de cidades inteligentes a redes IoT e ambientes de computação em nuvem. Graças à sua capacidade de aprender padrões complexos e generalizar a partir de dados, os modelos de aprendizagem profunda oferecem uma abordagem promissora para reforçar a segurança da rede contra ataques DDoS em redes 4G/LTE.

2.2. Recolha de dados e pré-processamento

Depois de examinarmos as várias técnicas de deteção de ataques DDoS, passamos agora à secção de recolha e pré-processamento de dados, que é uma fase crucial na aplicação destas técnicas.

2.2.1 Fontes de dados

Para detetar ataques DDoS em redes 4G/LTE, são utilizadas várias fontes de dados para recolher informações relevantes sobre o tráfego de rede e o comportamento dos equipamentos. As principais fontes de dados incluem:

— Dados de tráfego da rede

Estes dados incluem informações sobre o tráfego de rede gerado tanto por utilizadores legítimos como por atacantes. Podem ser recolhidos a partir de gateways de rede, comutadores, routers e outros dispositivos intermédios na rede 4G/LTE. Os dados de tráfego de rede fornecem pormenores sobre padrões de comunicação, volumes de dados trocados e protocolos utilizados, permitindo a identificação de potenciais anomalias associadas a ataques DDoS.

Registos de equipamentos de rede

Os registos de dispositivos de rede, como firewalls, servidores proxy e sistemas de deteção de intrusão (IDS), fornecem registos detalhados de eventos na rede. Estes registos podem conter informações sobre ligações estabelecidas, pedidos rejeitados, tentativas de autenticação suspeitas, etc. Ao analisar estes registos, é possível detetar os primeiros sinais de ataques DDoS e tomar medidas preventivas.

— Dados do sensor de segurança

Os sensores de segurança implantados na rede 4G/LTE podem fornecer dados adicionais

35 *A KDD Cup 1999* é um conjunto de dados bem conhecido que é utilizado na avaliação comparativa e na investigação no domínio da deteção de intrusões e da segurança das redes.

sobre actividades maliciosas, tais como tentativas de intrusão, exames de portas, comportamento anómalo de aplicações, etc. Estes dados são normalmente recolhidos utilizando sistemas de deteção de intrusões (IDS) ou sistemas de prevenção de intrusões (IPS), que monitorizam continuamente o tráfego de rede para detetar comportamentos suspeitos. Estes dados são normalmente recolhidos utilizando sistemas de deteção de intrusões (IDS) ou sistemas de prevenção de intrusões (IPS), que monitorizam continuamente o tráfego da rede para detetar comportamentos suspeitos.

A combinação destas diferentes fontes de dados fornece uma visão geral completa da rede 4G/LTE, facilitando a deteção de ataques DDoS numa fase inicial e a tomada de medidas corretivas adequadas.

2.2.2 Técnicas de pré-processamento de dados

Antes de aplicar os algoritmos de deteção de ataques DDoS, é essencial pré-processar os dados recolhidos para melhorar a sua qualidade e reduzir potenciais erros. As técnicas de pré-processamento de dados desempenham um papel crucial neste processo, preparando os dados para uma análise mais eficaz.

— *Normalização dos dados:* a normalização dos dados é uma técnica que envolve o escalonamento dos dados para um intervalo comum, frequentemente entre 0 e 1, ou a utilização da distribuição padrão. Isto garante que as diferentes caraterísticas dos dados têm uma influência igual nos algoritmos de aprendizagem automática e impede que certas caraterísticas dominem outras.

— *Redução da dimensão:* o objetivo da redução da dimensão é reduzir o número de caraterísticas ou variáveis num conjunto de dados, preservando o máximo possível de informação importante. Esta técnica pode ser realizada utilizando métodos como a análise de componentes principais (PCA) ou a seleção de caraterísticas. Ao reduzir a dimensionalidade dos dados, os modelos de deteção de ataques DDoS podem ser simplificados e a sua eficiência computacional melhorada.

— *Eliminação do ruído e dos valores aberrantes:* o objetivo da eliminação do ruído e dos valores aberrantes é remover dados irrelevantes ou incorrectos que possam distorcer os resultados da análise. Para o efeito, podem ser utilizadas técnicas de suavização, filtragem ou limiarização para identificar e eliminar os valores anómalos ou as flutuações aleatórias que não são representativas do comportamento normal da rede.

Combinando estas técnicas de pré-processamento de dados, é possível melhorar a qualidade dos dados e prepará-los eficazmente para uma análise precisa na deteção de ataques DDoS em redes 4G/LTE.

2.3. Modelos de deteção de ataques DDoS para redes 4G/LTE

A secção seguinte explora modelos de deteção de ataques DDoS especificamente concebidos para redes 4G/LTE. Antes de entrar em pormenores, é apresentada na Tabela II.1 uma taxonomia dos diferentes modelos de aprendizagem automática (ML) e aprendizagem profunda (DL) utilizados, bem como os respectivos desempenhos.

REFERENCIAS	MODELOS ML/DL	APLICAÇÕES	EXATIDÃO
[36]	CNN	PROCESSAMENTO DE IMAGENS	99%
[37, 38]	NB, KNN, DT, SVM, RF, LR	DIVERSOS	99% (DT, RF)
[39]	ANN	DIVERSOS	99.95%
[40]	LOR, NB	DIVERSOS	[5]99-100% (LOR)
[41]	RF	DOBRA K	99.885%
[30, 42-46]	RNN	DESCIDA DE GRADIENTE	99.9%
[45]	RF, NN	DIVERSOS	95,2% (RF)
[43]	RNN, LSTM, BI-LSTM, GRU	DIVERSOS	MELHOR COM RNN [10]
[47]	LBDMIDS	DIVERSOS	MELHOR DESEMPENHO
[48]	ANN	DIVERSOS	99%
[49]	RASO NN	RETROPROPAGAÇÃO	BOM
[50]	SVM, MLP, LSTM, BILSTM, LDA, KNN, RF	DIVERSOS	MELHOR COM BILSTM
[44]	RNN ELM	REGRESSÃO LINEAR	ATE 99
[51]	LSTM	-	97.37%
[52]	LSTM	CLASSIFICAÇÃO BINÁRIA	99%
[53]	CNN-BILSTM	COMBINAÇÃO	99.76%

TABELA II.1 - Taxonomia dos modelos ML/DL para deteção de ataques DDoS

2.3.1 Modelos de aprendizagem automática (ML)

Os modelos de aprendizagem automática (ML) constituem uma abordagem promissora para a deteção de ataques DDoS em redes 4G/LTE. Estes modelos são capazes de aprender com os dados recolhidos e detetar padrões e comportamentos anómalos associados a ataques DDoS.

— *K nearest neighbours (KNN)* [37, 38]: o modelo dos k vizinhos mais próximos (KNN) é um método de classificação que atribui um rótulo a um ponto de dados com base nos rótulos dos pontos de dados vizinhos no espaço de caraterísticas. No contexto da deteção de ataques DDoS, o KNN pode ser utilizado para classificar o tráfego de rede com base nas suas caraterísticas, identificando anomalias que não correspondem a padrões de tráfego normais.

— *Máquinas de vectores de suporte (SVMs)* [50]: As máquinas de vectores de suporte (SVMs) são modelos de aprendizagem supervisionados utilizados para classificação e regressão. Na deteção de ataques DDoS, as SVM podem ser treinadas para distinguir padrões de tráfego normais de padrões anómalos associados a ataques DDoS. As SVM são eficientes no tratamento de conjuntos de dados de elevada dimensão e são capazes de generalizar a partir de dados não lineares.

— *Árvores de decisão (DT)*: as árvores de decisão são modelos de aprendizagem supervisionados que utilizam uma estrutura de árvore para representar e classificar dados. São fáceis de interpretar e compreender, o que as torna atractivas para a deteção de ataques DDoS em redes 4G/LTE. As árvores de decisão podem ser utilizadas para identificar caraterísticas importantes do tráfego de rede e para tomar decisões de deteção com base nessas caraterísticas.

Utilizando estes modelos de aprendizagem automática, é possível construir sistemas de deteção de ataques DDoS eficazes e precisos para redes 4G/LTE, permitindo que os serviços de comunicações sem fios sejam protegidos contra ameaças à segurança.

2.3.2 Modelos de aprendizagem profunda (DL)

Os modelos de aprendizagem profunda oferecem uma abordagem poderosa para a deteção de ataques DDoS em redes 4G/LTE, permitindo que representações complexas sejam aprendidas a partir de dados brutos. Entre as técnicas de aprendizagem profunda mais utilizadas estão :

— *Redes neurais* profundas: as redes neurais profundas, como as *redes neurais convolucionais (CNN) e as redes neurais recorrentes (RNN),* são capazes de aprender representações hierárquicas a partir de dados estruturados ou não estruturados. No contexto da deteção de ataques DDoS, as CNN podem ser utilizadas para extrair caraterísticas relevantes dos fluxos de tráfego de rede, enquanto as RNN podem ser utilizadas para modelar sequências temporais de tráfego e detetar comportamentos anómalos associados a ataques DDoS.

- *Redes neuronais recorrentes para deteção de sequências temporais*: As redes neuronais recorrentes (RNN) são particularmente adequadas para modelar sequências temporais, como as sequências de tráfego de rede em redes 4G/LTE. As RNN podem ser utilizadas para detetar padrões temporais anómalos associados a ataques DDoS, através da análise da dinâmica e das tendências do tráfego ao longo do tempo.

Vários estudos [36, 37, 39, 48, 49, 51-53] centram-se na utilização de *redes neuronais recorrentes (RNN)* e de *memórias longas de curto prazo (LSTM)* para a deteção de ataques DDoS, com resultados promissores. Além disso, são também explorados modelos híbridos, abordagens baseadas em *algoritmos de aprendizagem automática extrema (ELM)* e técnicas de extração de caraterísticas.

2.4. Avaliação do desempenho do modelo

Nesta secção, discutimos em pormenor as métricas e os métodos utilizados para avaliar a eficácia dos modelos de deteção de ataques DDoS em redes 4G/LTE. Também discutimos os resultados experimentais obtidos com diferentes técnicas de avaliação.

2.4.1 Métricas de avaliação

A avaliação do desempenho dos modelos de deteção de ataques DDoS em redes 4G/LTE exige a utilização de métricas adequadas para medir a eficácia e a fiabilidade do modelo. Entre as métricas de avaliação mais utilizadas estão :

Para avaliar o desempenho dos modelos utilizados no nosso estudo, são utilizadas várias métricas, incluindo a matriz de confusão. Esta matriz é composta por quatro parâmetros: *Verdadeiro Positivo (TP), Verdadeiro Negativo (TN), Falso Positivo (FP)* e *Falso Negativo (FN)*. A métrica *Precisão* mostra a frequência com que os modelos treinados detectam corretamente os ataques pretendidos. É calculada utilizando a seguinte fórmula:

$$\text{Accuracy} = \frac{TP + TN}{TP + TN + FP + FN} \tag{II.1}$$

A precisão define o desempenho do modelo, indicando os TPs sugeridos pelo classificador. É calculada utilizando a seguinte expressão :

$$\text{Precision} = \frac{TP}{TP + FP} \tag{II.2}$$

A precisão é uma medida importante da capacidade do modelo para identificar corretamente os verdadeiros positivos entre todas as previsões positivas. Uma precisão elevada indica que o modelo tem menos probabilidades de classificar incorretamente amostras negativas como positivas. No entanto, é importante notar que a precisão, por si só, não fornece uma imagem completa do desempenho do modelo, pelo que deve ser interpretada em conjunto com outras medidas, como *"Recall"* e *"Fl-score"*, para uma avaliação mais completa.

O "Recall" do modelo é calculado utilizando a equação (II.3).

$$\text{Recall} = \frac{TP}{TP + FN} \tag{II.3}$$

A "pontuação F1" é considerada um melhor parâmetro de avaliação, uma vez que combina a exatidão e a "recuperação". Podemos encontrar a "pontuação F1"1 do modelo utilizando a equação (II.4)

$$\text{F1 score} = 2 \times \frac{(\text{Precision} \times \text{Recall})}{(\text{Precision} + \text{Recall})} \quad (\text{II.4})$$

2.4.2 Estudo de caso e resultados experimentais

Como parte da avaliação do desempenho dos modelos de deteção de ataques DDoS em redes 4G/LTE, foram realizadas experiências em conjuntos de dados reais. Para esta avaliação, foi utilizado o dataset CIC-DDoS2019 [54] devido à sua diversidade, fornecendo um conjunto de ataques DDoS. A utilização deste conjunto de dados [54] permitiu avaliar a eficácia dos métodos de deteção de ataques DDoS noutros contextos para além das redes móveis 4G/LTE, testando diferentes técnicas de deteção utilizando as caraterísticas do fluxo de rede fornecidas pelo conjunto de dados. Esta abordagem permitiu avaliar a capacidade dos modelos para detetar e responder a ataques e comparar os respectivos desempenhos. Os modelos baseados na aprendizagem automática e na aprendizagem profunda demonstraram uma capacidade de adaptação, aprendendo com os dados e ajustando-se a novos padrões de tráfego sem a necessidade de actualizações manuais constantes. Além disso, estes modelos apresentaram um elevado desempenho em termos de precisão, recuperação e capacidade de generalização a partir de dados não lineares ou complexos, o que os torna particularmente eficazes na deteção de ataques DDoS sofisticados e emergentes.

No entanto, é importante notar alguns inconvenientes das abordagens baseadas na aprendizagem automática e na aprendizagem profunda, em particular a necessidade de dados rotulados para treinar modelos, bem como a complexidade computacional associada a estas abordagens.

Estas considerações devem ser tidas em conta na escolha de um método de deteção de ataques DDoS em redes 4G/LTE, em função das necessidades específicas da organização, da disponibilidade de recursos e da natureza dos ataques que enfrenta.

Conclusão

Para concluir este capítulo sobre técnicas de deteção de ataques DDoS em redes 4G/LTE, é evidente que tanto as abordagens tradicionais como os métodos baseados na aprendizagem automática (ML/DL) oferecem soluções, mas com vantagens e limitações distintas.

As abordagens tradicionais, como a filtragem baseada em assinaturas e a análise comportamental, estão bem estabelecidas e provaram ser eficazes em muitos casos. Oferecem uma deteção robusta dos ataques DDoS, centrando-se em regras e limiares de deteção predefinidos. No entanto, podem ser limitadas em termos da sua capacidade de detetar novas formas de ataque ou de lidar com cargas de tráfego muito elevadas.

Por outro lado, as técnicas *baseadas na aprendizagem automática*, como as *redes neuronais profundas* e *os modelos de aprendizagem automática (ML)*, oferecem uma abordagem mais flexível e adaptável à deteção de ataques DDoS. Estes modelos podem aprender com dados brutos e detetar padrões complexos associados a ataques DDoS, o que os torna particularmente eficazes na deteção de ataques sofisticados e em evolução.

Capítulo 3 : Estudo de um caso real de deteção de DDoS numa rede 4G/LTE

Neste capítulo, analisaremos um estudo aprofundado de um caso real de deteção de DDoS numa rede 4G/LTE, utilizando o conjunto de dados CIC-DDoS2019 [54] como principal referência para analisar os ataques e explorar métodos de deteção eficazes.

3.1. Introdução ao estudo de caso com o conjunto de dados do CIC DDoS2019

A introdução ao estudo de caso com o conjunto de dados CIC-DDoS2019 [54] fornece uma panorâmica essencial da abordagem adoptada para analisar os ataques DDoS nas redes 4G/LTE. Ao destacar a conceção e os objectivos deste conjunto de dados, esta secção estabelece um quadro relevante para a análise aprofundada que se segue.

3.1.1 Apresentação do conjunto de dados CIC-DDoS2019 [54]

O conjunto de dados CIC-DDoS2019 foi concebido para oferecer uma perspetiva holística dos ataques DDoS, fornecendo uma variedade de dados relevantes para a análise e deteção destes ataques em redes 4G/LTE. Seguem-se alguns pormenores sobre as origens e as caraterísticas deste conjunto de dados:

- Origem do conjunto de dados: O conjunto de dados foi criado pelo Canadian Institute for Cybersecurity (CIC), um centro de investigação especializado em cibersegurança afiliado à Universidade de New Brunswick, no Canadá. Foi desenvolvido como parte de projectos de investigação destinados a compreender melhor e a melhorar a deteção de ataques DDoS.

— Composição do conjunto de dados: o conjunto de dados CIC-DDoS2019 é composto por dados de tráfego de rede gerados por cenários de simulação de ataques DDoS. Estes cenários incluem uma variedade de tipos de ataques DDoS, como UDP Flood, TCP Flood, HTTP Flood, etc. Os dados são organizados em registos ou fluxos, cada um representando uma sequência de pacotes ou eventos na rede.

— Caraterísticas do conjunto de dados: Os dados do conjunto de dados incluem uma série de caraterísticas relevantes para a análise de ataques DDoS. Isto pode incluir informações como: Caraterísticas do tráfego de rede, como endereços IP de origem e destino, portas utilizadas, protocolos de transporte, etc. Métricas de desempenho da rede, como largura de banda, atraso, jitter, etc. Marcadores ou indicadores específicos de ataques DDoS, como padrões de tráfego anormais, variações súbitas na carga da rede, etc. Metadados sobre ataques simulados, como tipo de ataque, intensidade, duração, etc.

— Variedade de ataques simulados: O conjunto de dados inclui uma variedade de ataques DDoS simulados, o que o torna um recurso valioso para avaliar a robustez dos sistemas de deteção. Esses ataques podem ser de diferentes tipos, incluindo:

- UDP Flood: Envio maciço de pacotes UDP para sobrecarregar a capacidade de processamento.
- TCP Flood: Semelhante ao UDP Flood, mas usa TCP para saturar os recursos.
- Inundação HTTP: Envio maciço de pedidos HTTP para tornar um servidor Web indisponível.
- Outros tipos : Podem incluir ICMP Flood, SYN Flood, etc.

— Dados de tráfego da rede - Os registos do conjunto de dados fornecem :

- Informações sobre o pacote (cabeçalhos IP/TCP/UDP, dados de carga útil, etc.).
- Caraterísticas do fluxo (duração, número e tamanho dos pacotes, etc.).
- Estatísticas de tráfego agregadas (largura de banda, número total de pacotes, etc.).

— Anotações de ataque: No conjunto de dados, cada registo é anotado para indicar se pertence a um ataque DDoS.

— Escalabilidade e realismo: O conjunto de dados foi concebido para ser escalável e para representar cenários realistas, permitindo a realização de testes numa variedade de condições.

Ao combinar estes aspectos, o conjunto de dados CIC-DDoS2019 fornece uma base sólida para a investigação sobre a deteção de ataques DDoS, permitindo explorar novas técnicas de deteção, avaliar o desempenho dos modelos existentes e melhorar a segurança das redes 4G/LTE.

3.1.2 Objectivos do estudo e utilização do conjunto de dados

Definimos os objectivos do nosso estudo, que consistem em analisar os ataques DDoS nas redes 4G/LTE utilizando o conjunto de dados CIC-DDoS2019 como principal ponto de referência.

Utilizamos o conjunto de dados CIC-DDoS2019 [54] para detetar ataques DDoS em redes móveis 4G/LTE por várias razões:

— O conjunto de dados CIC-DDoS2019 [54] foi especificamente concebido para o estudo de ataques DDoS, o que o torna particularmente relevante para o nosso estudo, que se centra na deteção deste tipo de ataque em redes móveis 4G/LTE.

— Outra razão é o facto de o conjunto de dados CIC-DDoS2019 [54] conter exemplos de ataques DDoS reais, o que nos permite analisar e detetar diferentes tipos de ataques, incluindo os que podem visar especificamente redes móveis 4G/LTE, se não dispusermos de conjuntos de dados de uma ou mais redes móveis 4G/LTE.

— Também notamos que o conjunto de dados CIC-DDoS2019 [54] é relativamente grande e contém uma diversidade de ataques DDoS simulados em vários ambientes. Isto permite-nos ter um conjunto de dados representativo para treinar e avaliar modelos de deteção.

— Até porque o conjunto de dados CIC-DDoS2019 [54] se tornou uma referência na comunidade de cibersegurança para a investigação sobre a deteção de ataques DDoS.

O principal objetivo do nosso estudo é analisar os ataques DDoS nas redes 4G/LTE. Esta análise inclui vários aspectos, como a identificação dos tipos de ataque mais comuns, a compreensão dos padrões de tráfego associados a estes ataques, a avaliação do impacto dos ataques no desempenho da rede, etc. Ao compreendermos melhor as caraterísticas e as consequências dos ataques DDoS nas redes 4G/LTE, poderemos ajudar a reforçar a resiliência destas redes contra este tipo de ameaças.

— Utilização de conjuntos de dados para analisar ataques DDoS em redes 4G/LTE

Escolhemos o conjunto de dados CIC-DDoS2019 como principal ponto de referência para a sua análise. Este conjunto de dados oferece uma variedade de dados relevantes para o estudo dos ataques DDoS, incluindo no contexto específico das redes 4G/LTE. Utilizando este conjunto de dados, podemos: Identificar padrões de tráfego associados a ataques DDoS em redes 4G/LTE. Avaliar a eficácia das técnicas de deteção de ataques existentes neste contexto. Desenvolver novos métodos de deteção especificamente adaptados às caraterísticas das redes 4G/LTE. Examinar o impacto dos ataques DDoS no desempenho das redes 4G/LTE, como a latência, a largura de banda, a qualidade do serviço, etc. Fornecer informações valiosas aos operadores de redes 4G/LTE e aos fornecedores de segurança para reforçar a proteção contra ataques DDoS.

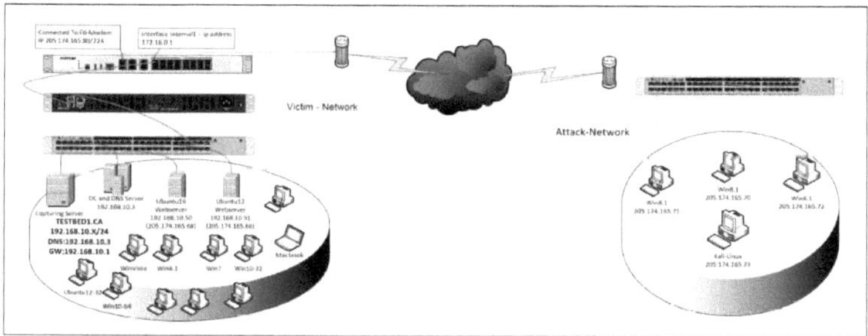

FIGURA III.1 - Arquitetura do testbed para a construção do dataset CIC-DDoS2019 [54].

A principal prioridade na construção deste conjunto de dados [54] foi a geração de tráfego de fundo realista. [36]Os autores utilizaram um *sistema B-Profile* proposto em [55] para traçar o perfil do comportamento abstrato das interações humanas e gerar tráfego de fundo naturalista e benigno no banco de ensaio proposto na Figura III.1. Este conjunto de dados integra o comportamento abstrato de 25 utilizadores com base nos protocolos *HTTP, HTTPS, FTP, SSH e e-mail.*

3.2. Análise das caraterísticas dos ataques DDoS nas redes 4G/LTE

3.2.1 Tipos de ataques DDoS presentes no conjunto de dados

O conjunto de dados CIC-DDoS2019 [54] contém diferentes tipos de ataques DDoS modernos, como *PortMap, NetBIOS, LDAP, MSSQL, UDP, UDP-Lag, SYN, NTP, DNS e SNMP.* Os ataques foram executados durante um período de tempo. Como mostra a Tabela III.1, 12 ataques DDoS, incluindo *NTP, DNS, LDAP, MSSQL, NetBIOS, SNMP, SSDP, UDP, UDP-Lag, WebDDoS, SYN e TFTP* (ver Tabela III.2) foram executados no dia de treino e 7 ataques incluindo *PortScan, NetBIOS, LDAP, MSSQL, UDP, UDP-Lag e SYN* (ver Tabela III.2) foram executados no dia de teste. [37]O volume de tráfego do *WebDDoS* foi muito baixo e o PortScan só foi executado no dia de teste, sendo utilizado como dados de teste do modelo.

36 *O sistema B-Profile* refere-se a um perfil *de Qualidade de Serviço (QoS)* definido para a transferência de dados na rede. Este perfil pode especificar vários parâmetros relacionados com a largura de banda, a latência, a fiabilidade e outros aspectos da transmissão de dados. É utilizado para garantir uma determinada qualidade de serviço para as diferentes aplicações e serviços que correm na rede, em função dos seus requisitos de desempenho específicos.

37 *O WebDDoS* é um ataque DDoS que visa aplicações Web.

DIAS	ATAQUES	TEMPO DE ATAQUE
PRIMEIRO DIA	PORTMAP	9 :43 - 9 :51
	NETBIOS	10 :00 - 10 :09
	LDAP	10 :21 - 10 :30
	MSSQL	10 :33 - 10 :42
	UDP	10 :53 - 11 :03
	UDP-LAG	11 :14 - 11 :24
	SYN	11 :28 - 17 :35
SEGUNDO DIA	NTP	10 :35 - 10 :45
	DNS	10 :52 - 11 :05
	LDAP	11 :22 - 11 :32
	MSSQL	11 :36 - 11 :45
	NETBIOS	11 :50 - 12 :00
	SNMP	12 :12 - 12 :23
	SSDP	12 :27 - 12 :37
	UDP	12 :45 - 13 :09
	UDP-LAG	13 :11 - 13 :15
	WEBDDOS	13 :18 - 13 :29
	SYN	13 :29 - 13 :34
	TFTP	13 :35 - 17 :15

TABELA III.1 - Tabela de ataques por dia e tempo de ataque

Tipo de ataque DDoS	
NTP (Network Time Proto- col)	O ataque utiliza pedidos NTP ampliados para sobrecarregar o alvo.
DNS (Sistema de Nomes de Domínio)	O ataque explora os pedidos de DNS para saturar os servidores DNS alvo.
LDAP (Lightweight Direc- tory Access Protocol)	O objetivo do ataque é esgotar os recursos dos servidores LDAP.
MSSQL (Microsoft SQL Ser- ver)	O ataque visa os servidores Microsoft SQL com consultas maliciosas.
NetBIOS (BIOS de rede)	O ataque utiliza pedidos NetBIOS para saturar a rede alvo.
SNMP (Simple Network Ma- nagement Protocol)	O ataque explora os pedidos SNMP para sobrecarregar o equipamento de rede.
SSDP (Simple Service Disco- very Protocol)	O ataque tem como objetivo sobrecarregar os dispositivos que utilizam SSDP com pedidos maliciosos.
UDP (Protocolo de datagrama do utilizador)	O ataque tem como objetivo inundar o alvo com pacotes UDP, frequentemente utilizados em ataques DDoS volumétricos.
UDP-Lag	O ataque tem como objetivo reduzir o desempenho através da fragmentação e do envio assíncrono de pacotes UDP.
WebDDoS	Ataque distribuído de negação de serviço (DDoS) que visa aplicações Web para saturar os recursos do servidor.
SYN (Sincronizar)	O ataque SYN Flood explora o protocolo TCP para saturar os recursos do servidor alvo.
TFTP (Protocolo Trivial de Transferência de Ficheiros)	O ataque tem como objetivo esgotar os recursos dos servidores TFTP com pedidos de transferência de ficHIERS.

Tabela III.2 - Tipos de ataques DDoS presentes no dataset CIC-DDoS2019 [54].

3.2. As caraterísticas e limitações específicas do conjunto de dados CIC-DDoS2019 para analisar os ataques DDoS nas redes 4G/LTE

Nesta secção, exploramos as caraterísticas distintivas do conjunto de dados CIC-DDoS2019 no contexto da análise de ataques DDoS em redes 4G/LTE, identificando as suas especificidades, bem como as suas limitações. Esta análise permitirá uma melhor compreensão da relevância e dos desafios associados à utilização deste conjunto de dados para detetar ataques DDoS no contexto específico das redes móveis 4G/LTE.

3.3.1 As caraterísticas específicas do conjunto de dados CIC-DDoS2019 para analisar os ataques DDoS nas redes 4G/LTE

Nesta secção, propomos examinar as caraterísticas distintivas do conjunto de dados CIC-DDoS2019 [54] e o seu impacto na análise de ataques DDoS em redes 4G/LTE. Para o efeito, propomos na Tabela III.3 uma classificação dos ataques DDoS em redes 4G/LTE presentes no conjunto de dados CIC-DDoS2019 [54].

A classificação proposta pela Tabela III.3 visa identificar as diferentes categorias de ataques DDoS presentes no conjunto de dados CIC-DDoS2019 [54] que podem visar componentes e protocolos específicos de redes 4G/LTE, bem como as consequências diretas nos serviços e recursos críticos dessas redes. Isto prova mais uma vez que o conjunto de dados CIC-DDoS2019 [54] é um recurso valioso para a análise de ataques DDoS em redes 4G/LTE, oferecendo uma variedade de cenários e dados reais para a investigação em matéria de segurança.

3.3.2 Os limites do conjunto de dados CIC-DDoS2019 para a análise de ataques DDoS em redes 4G/LTE

Apesar das suas vantagens, o conjunto de dados CIC-DDoS2019 [54] também tem algumas limitações que devem ser tidas em conta aquando da sua utilização. Em primeiro lugar, embora os cenários de ataque sejam diversos, podem não representar todos os ataques potenciais numa rede LTE real. Por conseguinte, os resultados obtidos com este conjunto de dados podem não ser totalmente generalizáveis a todas as situações. Além disso, como acontece com qualquer conjunto de dados, a qualidade dos dados e a representatividade dos cenários devem ser cuidadosamente avaliadas para garantir a validade das conclusões retiradas da análise. Além disso, as condições de recolha de dados e os métodos de simulação utilizados para gerar os ataques no conjunto de dados podem não ser inteiramente generalizáveis a todas as situações.

Ataques DDoS 4G/LTE	Ataques DDoS presentes no conjunto de dados CIC-DDoS2019 [54]
Ataques DDoS lançados por botnets *(Acesso a rede)*	NTP (ataque de amplificação de NTP) DNS (ataque de amplificação de DNS) LDAP (ataque de amplificação de LDAP) MSSQL (ataque de amplificação de MSSQL) NetBIOS (ataque de amplificação de NetBIOS) SNMP (ataque de amplificação de SNMP) SSDP (ataque de amplificação de SSDP)
Sobrecarga de HSS *(Rede principal)*	LDAP (ataque de amplificação LDAP) MSSQL (ataque de amplificação MSSQL)
Sobrecarga do SGW *(rede principal)*	WebDDoS (ataque DDoS a serviços Web) SYN DDoS (ataque de inundação SYN) TFTP DDoS (ataque de amplificação TFTP) UDP-Lag (utilização excessiva de UDP que resulta em latencia) UDP DDoS (ataque de inundação UDP)

Tabela III.3 - Classificação dos ataques DDoS 4G/LTE presentes no dataset CIC- DDoS2019 [54].

nem sempre reflectem com exatidão as condições reais de uma rede LTE sob tensão ou ataque.

3.4. Abordagem baseada nos modelos RNN, LSTM e GRU para deteção e classificação

Neste capítulo, é proposta uma abordagem baseada no modelo RNN [45, 46] para a deteção de ataques DDoS. Para além disso, são utilizados os modelos RNN, LSTM e GRU [XXX] para classificação binária e multi-classe. A metodologia adoptada neste estudo, ilustrada na Figura III.2, inclui várias etapas como a normalização dos dados, a extração de caraterísticas, o treino do modelo e os módulos de deteção de ataques.

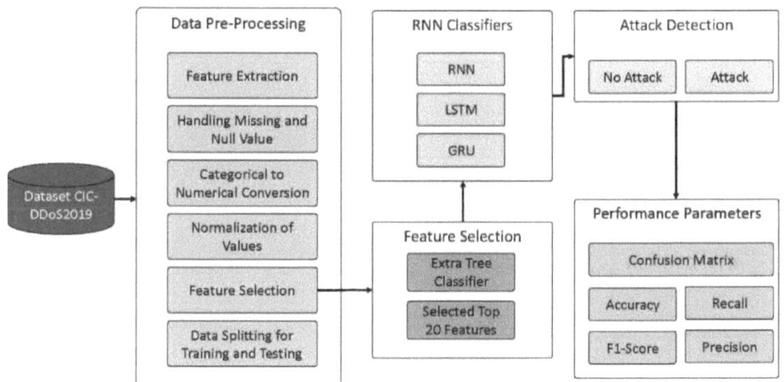

FIGURA III.2 - A metodologia adoptada no nosso estudo.

A Figura III.2 mostra que o conjunto de dados CIC-DDoS2019 [54] é utilizado para realizar as experiências. A fim de otimizar o desempenho dos modelos, o conjunto de dados é submetido a um pré-processamento de textsl(Data Pre-Processing) que inclui várias etapas. Os valores em falta e nulos são eliminados para reduzir a ambiguidade dos dados e melhorar o processo de treino do modelo. *Os valores categóricos* são convertidos em valores numéricos de acordo com as necessidades dos modelos de aprendizagem profunda. De seguida, os dados são normalizados. Durante esta etapa, é efectuada uma seleção de caraterísticas para escolher as 20 melhores caraterísticas. Esta seleção visa obter um melhor desempenho do modelo com *uma complexidado computacional de*[3]

ataques. As caraterísticas selecionadas são as mais eficazes na deteção de ataques DDoS no tráfego de rede. Finalmente, os dados são divididos em subconjuntos de treino e de teste para treinar os modelos RNN, LSTM e GRU para a classificação de ataques binários e multi-classe. O subconjunto de teste é então utilizado para avaliar o desempenho dos modelos treinados.

3.4.1 *Pré-processamento de dados*

Antes de o modelo ser treinado, o conjunto de dados deve ser pré-processado para eliminar o ruído e reduzir a quantidade de dados redundantes ou desnecessários. O pré-processamento dos dados é necessário para melhorar o desempenho do modelo e reduzir a complexidade computacional.

— *Normalização escalar padrão*: o conjunto de dados CIC-DDoS2019 [54] contém diferentes recursos com diferentes dimensões, escalas e distribuições. Por exemplo, a caraterística "Fwd Packets/s" contém valores muito grandes para alguns registos, enquanto valores muito pequenos para outros. A utilização destas caraterísticas em bruto para treinar modelos DL tende a apresentar um fraco desempenho. A normalização escalar padrão dimensionará os recursos e garantirá que nenhum recurso individual tenha um impacto desproporcional nos resultados. Isto preserva a relação entre os valores mínimo e máximo de cada caraterística.

— Lidar com valores em *falta e nulos (Lidar com valores categóricos)*: Lidar com valores em falta e nulos é um passo importante no pré-processamento de dados que pode ter um impacto na exatidão e precisão dos modelos. Esta fase remove os valores em falta ou nulos do conjunto de dados. A remoção destes registos reduz a complexidade computacional e melhora o desempenho do modelo [56].

— *Lidar com valores categóricos*: esta fase converte valores categóricos em valores numéricos porque os modelos ML/DL funcionam com valores numéricos. Utilizamos métodos de codificação de rótulos e de codificação de um ponto para converter tipos de dados categóricos em tipos de dados numéricos. [38] [39][40]No nosso estudo, utilizámos *a biblioteca sklearn* que fornece uma ferramenta chamada *LabelEncoder* utilizada para transformar dados categóricos em dados numéricos [57].

— *Seleção de caraterísticas*: Esta etapa é importante no pré-processamento de dados. Ao selecionar caraterísticas importantes e ponderadas do conjunto de dados CICDDoS2019 [54], a previsão de ataques do modelo pode ser aumentada. [41]É utilizado *um classificador*

---

para executar um algoritmo ou resolver um problema.

39 A biblioteca *scikit-learn,* frequentemente abreviada para sklearn, é uma das bibliotecas para aprendizagem automática em Python. Oferece uma vasta gama de ferramentas para classificação, regressão, agrupamento, redução da dimensionalidade, seleção de modelos e muito mais.

40 *LabelEncoder* é uma classe utilitária de ML utilizada para codificar etiquetas categóricas em valores numéricos. É normalmente utilizada para converter etiquetas não numéricas (por exemplo, categorias de texto) em representações numéricas que podem ser introduzidas em algoritmos de ML.

41 *Os classificadores baseados em árvores de decisão* são um tipo de algoritmo de aprendizagem supervisionada utilizado para tarefas de classificação, cujo objetivo é prever o rótulo da classe dos dados

baseado em árvores de decisão para a seleção de caraterísticas. Seleciona as principais caraterísticas utilizando a abordagem da árvore de decisão. Para este estudo, são selecionadas as 20 melhores caraterísticas *('Timestamp', 'Source Port', 'Min Packet Length', 'Fwd Packet Length Min', 'Flow ID', 'Packet Length Mean', 'Fwd Packet Length Max', 'Average Packet Size', 'ACK Flag Count', 'Avg Fwd Segment Size', 'Fwd Packet Length Mean ', 'Flow Bytess', 'Max Packet Length ', 'Protocol', 'Fwd Packetss', 'Flow Packetss', 'Total Length of Fwd Packets', 'Subflow Fwd Bytes', 'Destination Port', e 'act_data_pkt_fwd')* utilizando um classificador de árvore adicional. As caraterísticas selecionadas são utilizadas para treinar o modelo no nosso estudo.

— *Divisão de dados*: A divisão de dados é uma etapa crucial na preparação de dados [58]. O conjunto de dados CIC-DDoS2019 [54] é dividido em conjuntos de treino e de teste. A biblioteca Sklearn é usada para a divisão de dados [59]. No total, 70% dos dados são utilizados para treino e 30% para teste.

3.4.2 Modelos de classificação utilizados

Este estudo utiliza os modelos *RNN (Recurrent Neural Networks), GRU (Gated Recurrent Unit) e LSTM (Long Short-Term Memory)* para detetar ataques DDoS. Segue-se uma breve apresentação destes modelos.

Escolhemos *RNNs, GRUs e LSTMs* no nosso estudo pela sua eficácia na deteção de ataques DDoS. Em primeiro lugar, de acordo com a revisão da literatura [45, 46], *as RNNs* são conhecidas pela sua capacidade de processar sequências de dados, o que é particularmente relevante no contexto da deteção de ataques DDoS, em que os dados de tráfego de rede são frequentemente sequenciais e dependentes do tempo.

Em segundo lugar, foram escolhidas variantes mais avançadas de *RNNs*, como *LSTMs* [45] e *GRUs* [60-62], para ultrapassar o problema do desaparecimento do gradiente quando se aprendem sequências longas. No caso dos ataques DDoS, em que os padrões podem ser complexos e interagir em várias escalas temporais, a utilização de modelos como LSTMs e GRUs pode captar eficazmente estas relações temporais complexas.

Além disso, o estudo baseia-se num grande conjunto de dados, o conjunto de dados CIC-DDoS2019 [54], que contém uma grande quantidade de dados de tráfego de rede. Os modelos *RNN, GRU e LSTM* são conhecidos por funcionarem bem com grandes quantidades de dados, o que os torna escolhas adequadas para o nosso estudo, em que a análise de dados em grande escala é necessária para a deteção precisa de ataques DDoS.

---

de entrada com base nos valores das suas caraterísticas.

Por último, a seleção destes modelos está também alinhada com as melhores práticas na deteção de ataques DDoS [55, 63], em que a utilização de modelos baseados na aprendizagem profunda, como RNN, GRU e LSTM, é comum devido à sua capacidade de capturar padrões complexos nos dados de tráfego de rede.

3.4.3 Redes Neuronais Recorrentes (RNN)

Os modelos RNN têm várias aplicações, incluindo o processamento de imagens, a previsão de mercados, o reconhecimento de escrita manual e o reconhecimento de voz. Os modelos RNN funcionam melhor com grandes quantidades de dados e a utilização da retropropagação melhora o resultado final. [42]*O problema do desaparecimento do gradiente na retropropagação* ocorre na RNN e é tratado pelas suas variantes, os modelos LSTM e GRU. O modelo RNN é adotado no nosso estudo porque o conjunto de dados é grande e contém sequências de ataques.

3.4.4 O modelo LSTM (Long Short-Term Memory)

Também escolhemos o LSTM para análise de dados de tráfego de rede devido à sua capacidade de lembrar entradas anteriores, permitindo-nos encontrar padrões e conexões persistentes nas sequências de entrada. O conjunto de dados CIC-DDoS2019 [54] contém detalhes de ataques, como comprimentos de fluxo, endereços IP de origem e destino e número de porta, mostrando a natureza sequencial dos ataques no tráfego de rede. O LSTM também supera o problema de falta de gradiente dos RNNs. Além disso, é utilizado em aplicações do mundo real em que os dados são grandes e a sua manipulação é mais complicada. O LSTM funciona utilizando uma porta de entrada, saída e esquecimento, que controla o fluxo de ataques que entram e saem das células. Os ataques são armazenados pela célula LSTM. O modelo LSTM é treinado para classificar as instâncias como normais ou de ataque. Tem a capacidade de detetar padrões no tráfego regular da rede para detetar ataques DDoS. Para a multi-classificação, os valores das instâncias de tráfego de rede são definidos como 0, 1, 2, 3. Para o treino do modelo, utilizámos cada tipo de instância do conjunto de dados de treino do tráfego de rede para uma deteção adequada do tipo de ataque. A codificação de etiquetas é utilizada para etiquetar todos os tipos de ataque e converter o ataque num valor específico. A função de célula de memória do modelo LSTM efectua com êxito a categorização dos ataques ao tráfego de rede.

42 O problema *do gradiente decrescente de retropropagação* refere-se a um desafio encontrado ao treinar redes neurais profundas usando o algoritmo de retropropagação. A retropropagação é o processo de atualização dos pesos de uma rede neuronal para minimizar a diferença entre a saída prevista e a saída real, normalmente utilizando a descida do gradiente ou as suas variantes.

3.4.5 O modelo GRU (Gated Recurrent Unit)

No nosso estudo, também optámos por utilizar o modelo GRU para detetar ataques no tráfego de rede porque requer menos memória e é mais eficiente em termos de tempo. Captura relações de longo prazo no fluxo temporal do tráfego de rede. Comparado com o RNN e o LSTM, o modelo GRU é mais fácil de utilizar, aumentando a eficiência computacional sem comprometer a sua capacidade de prever com exatidão a dinâmica temporal dos dados. Requer menos tempo de treinamento porque tem um arranjo simplificado de portas sem portas de saída. O modelo GRU funciona com duas portas sigmóides e um estado oculto. Tem a capacidade de encontrar padrões no tráfego de rede regular para detetar ataques DDOS a partir do conjunto de dados CIC-DDoS2019 [54].

PARÂMETROS	RNN	LSTM	GRU
ATIVADOR	RELU, SOFTMAX (MULTICLASSE), SIGMOID (CLASSE BINÁRIA)	RELU, SOFTMAX (MULTICLASSE), SIGMOID (CLASSE BINÁRIA)	RELU, SOFTMAX (MULTICLASSE), SIGMOID (CLASSE BINÁRIA)
OPTIMIZADOR	ADÃO	ADÃO	ADÃO
TAXA DE APRENDIZAGEM	0.001	0.001	0.001
PERDA	ENTROPIA CRUZADA CATEGÓRICA (MULTICLASSE), ENTROPIA CRUZADA BINÁRIA (CLASSE BINÁRIA)	ENTROPIA CRUZADA CATEGÓRICA (MULTICLASSE), ENTROPIA CRUZADA BINÁRIA (CLASSE BINÁRIA)	ENTROPIA CRUZADA CATEGÓRICA (MULTICLASSE), ENTROPIA CRUZADA BINÁRIA (CLASSE BINÁRIA)
CAMADAS RNN/LSTM/GRU	2	2	2
CAMADAS OCULTAS	2	2	2
NEURÓNIOS POR CAMADAS LSTM	8	8	8
NEURÓNIOS POR CAMADA OCULTA	16, 8 (1ª CAMADA, 2ª CAMADA)	16, 8 (1ª CAMADA, 2ª CAMADA)	16, 8 (1ª CAMADA, 2ª CAMADA)
TAMANHO DO LOTE	1000	1000	1000
ÉPOCAS	100	100	100

TABELA III.4 - Parâmetros dos modelos RNN, LSTM e GRU

3.4.6 Parâmetros RNN utilizados

Nos nossos modelos RNN, utilizamos a função de ativação linear rectificada *(ReLU)*. Ao aplicar a função ReLU, os modelos aprendem as caraterísticas complexas das camadas ocultas da rede. Em comparação com outras funções de ativação, como *a sigmoide e a tanh*, os resultados da ReLU são mais eficientes. [43]Para a otimização, é utilizado o algoritmo *Adam*. [44][45]Este combina as técnicas *RMSprop (Root Mean Square Propagation)* e *AdaGrad (Adaptive Gradient Algorithm)*, modificando esta última de acordo com o primeiro e segundo momentos dos gradientes, o que preserva as taxas de aprendizagem pré-parametrizadas. O optimizador Adam ajusta dinamicamente a taxa de aprendizagem para cada parâmetro durante o treino, permitindo que os pesos dos modelos LSTM e GRU sejam actualizados de forma eficiente.

43 *O algoritmo Adam* é o método de otimização utilizado no treino das redes neuronais recorrentes (RNN), bem como de outros tipos de redes neuronais, como as redes neuronais convolucionais (CNN) e as redes neuronais totalmente ligadas.

44 *O RMSprop (Root Mean Square Propagation)* é um método adaptativo que ajusta as taxas de aprendizagem individualmente para cada parâmetro da rede com base no histórico do gradiente.

45 *O AdaGrad (Adaptive Gradient Algorithm)* é um algoritmo de otimização habitualmente utilizado no treino de redes neuronais, incluindo as redes neuronais recorrentes (RNN). O seu objetivo é adaptar a taxa de aprendizagem para cada parâmetro do modelo com base na história dos gradientes observados para esse parâmetro.

3.5. Avaliação da deteção de ataques DDoS

Nesta secção, examinamos em pormenor o desempenho e os resultados das técnicas de deteção de ataques DDoS utilizando o conjunto de dados CIC-DDoS2019 [54].

3.5.1 Implementação de modelos RNN

Este estudo usou modelos *RNN* [45, 46], *LSTM* [30, 45] e *GRU* [60-62, 64] para identificação de ataques DDoS usando o conjunto de dados CICDDOS2019, disponível publicamente em [54]. O conjunto de dados selecionado contém milhares de ataques DDoS divididos em 12 classes, incluindo *DNS, SNMP, NTP, WebDDoS, MSSQL, UDP, LDAP, NetBIOS, SSDP, PortScan, UDP-Lag e SYN.* Este estudo efectua uma classificação binária e multiclasse envolvendo as 12 classes. Para os doze ataques, os planos foram implementados no dia de treino e sete ataques foram executados no dia de teste; os ataques contra *DNS, SNMP, NTP, WebDDoS, MSSQL, UDP, LDAP, UDP-Lag, NetBIOS, SSDP, SYN e TFTP* fizeram parte do dia de treino, enquanto os ataques contra *LDAP, PortScan, MSSQL, UDP-Lag, UDP e SYN* fizeram parte do dia de teste.

3.5.2 A configuração experimental

Neste estudo, configurámos os nossos modelos utilizando a linguagem de programação Python. Foi utilizado um Jupyter Notebook para realizar a experiência. As bibliotecas API de aplicações de aprendizagem profunda (DL) pandas, matplotlib, sci-kit-learn, Keras e scipy foram utilizadas para implementar os modelos DL.

As experiências são realizadas utilizando o conjunto de dados CIC-DDoS2019 [54] para classificação binária e multi-classe. Os resultados obtidos são avaliados em termos de *Precisão, Precisão de Recuperação, Pontuação F1* e matriz de confusão para cada modelo de deteção de ataques. Estas medidas são utilizadas para avaliar o desempenho dos modelos na deteção de ataques DDoS. Estas avaliações fornecem uma compreensão aprofundada da eficácia dos métodos de deteção de ataques DDoS propostos e da sua capacidade de generalização para o conjunto de dados CIC-DDoS2019 [54].

3.5.3 Classificação binária

O conjunto de dados CICDDoS2019 [54] fornece resultados muito interessantes na deteção de DDoS por classificação binária usando os modelos *RNN, LSTM e GRU,* como mostra a Figura III.3. Os modelos LSTM e GRU tiveram um bom desempenho na deteção de intrusões no conjunto de dados CIC-DDOS2019 [54]. Demonstraram boa precisão, boa "Recall" e boa "F1-score", o que sugere a sua utilidade para detetar e categorizar ciberameaças. Em termos de tempo de execução, a GRU superou a LSTM, com um tempo de execução muito inferior de 59,875 [s] em comparação com 96,25 [s] para a LSTM e 750 [s] para a RNN. Os resultados sugerem a eficiência computacional do modelo GRU, preservando o desempenho. O tempo de execução significativamente rápido da GRU sublinha a sua eficácia como solução IDS em tempo real.

A Figura III.4 mostra a exatidão *(Precisão)* da validação e do treino dos modelos RNN, LSTM e GRU. A linha azul indica a precisão *(Exatidão)* do treino e a linha vermelha a precisão *(Exatidão)* da validação. A precisão do treino do modelo RNN *(Precisão)* começa em 99,45% e atinge 99,99%. A exatidão do modelo LSTM começa em 99,70% e aumenta para 99,9%, enquanto a exatidão da validação *(Precisão)* começa em 99,98% e aumenta para 99,99%. Para o modelo GRU, a precisão da formação *(Precisão)* começa em 98,4% e atinge 99,99%. Isto mostra que o modelo aprende efetivamente com os dados de treino e torna-se mais eficiente nas suas previsões. medida que o modelo atinge a sua maior precisão *(Precisão),* a precisão do treino *(Precisão)* estabiliza, indicando que o modelo conseguiu captar a estrutura subjacente dos dados e está a produzir um desempenho consistente.

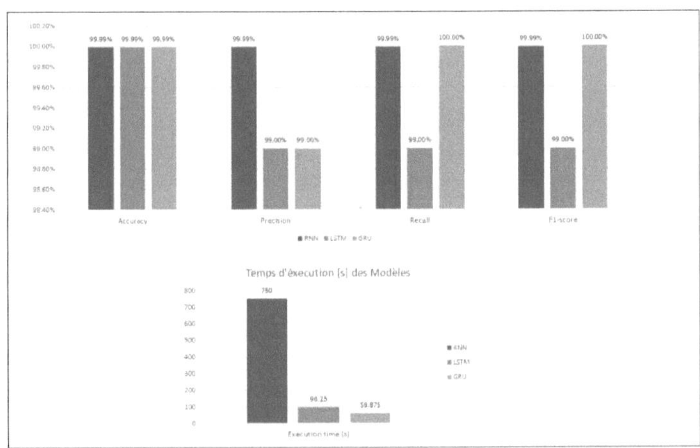

FIGURA III.3 - Desempenho do modelo para deteção de DDoS utilizando classificação binária

3.5.4 Classificação multi-classe

No contexto da classificação multi-classe, podemos também notar que o conjunto de dados CIC-DDoS2019 [54] oferece resultados muito interessantes para a deteção de DDoS com base nos modelos *RNN, LSTM e GRU.* Os resultados são apresentados na Figura III.5. Os modelos *LSTM* e GRU demonstram uma capacidade significativa para distinguir entre diferentes classes de ataques DDoS. Esta capacidade é crucial em ambientes reais onde podem ocorrer vários tipos de ataque em simultâneo. Os resultados obtidos indicam que estes modelos são capazes de generalizar eficazmente para diferentes categorias de ataques, o que os torna interessantes para utilização em sistemas de deteção de ataques em tempo real. A elevada precisão *(Accuracy)* e as elevadas pontuações F1 obtidas pelos modelos LSTM e GRU atestam a sua eficácia na classificação multi-classe de ataques DDoS.

A Figura III.6 ilustra a exatidão *(Accuracy)* dos modelos RNN, LSTM e GRU. A precisão do modelo RNN começa em 95,8% e atinge 99,15%. Para o modelo LSTM, a precisão inicial é de 88% e atinge 99,9%. Para o modelo GRU, a sua precisão inicial é de 83,25% e atinge 99,47%. Estes dados indicam que o modelo está a adquirir conhecimentos e a melhorar a sua funcionalidade ao longo do tempo.

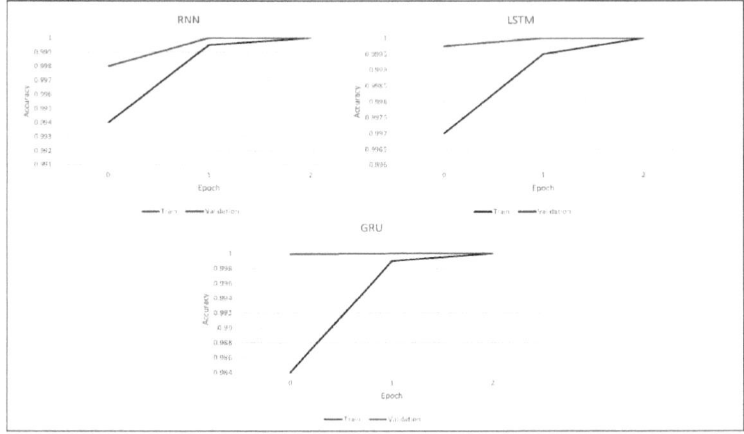

FIGURA III.4 - Desempenho do modelo: Precisão na deteção de DDoS por classificação binária

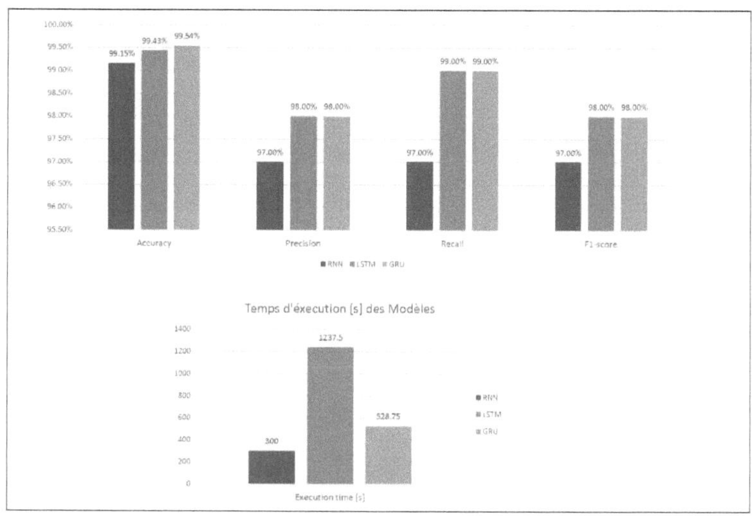

FIGURA III.5 - Desempenho do modelo para deteção de DDoS utilizando classificação multi-classe

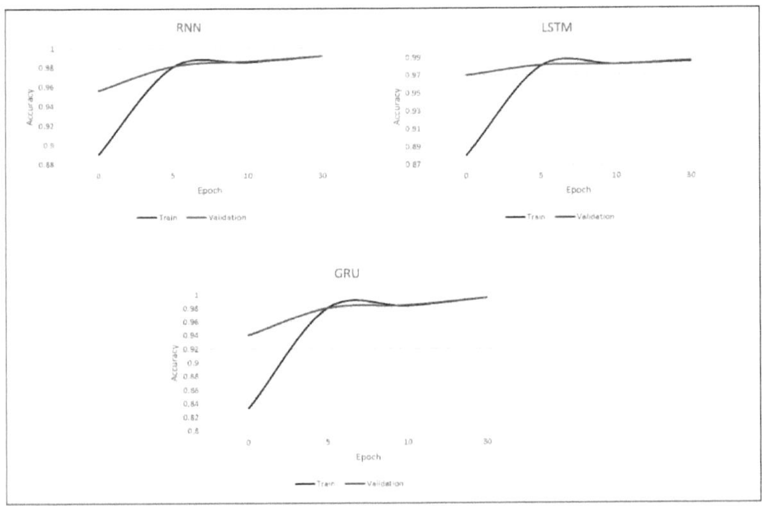

FIGURA III.6 - Desempenho do modelo: Precisão na deteção de DDoS utilizando classificação multi-classe

3.5.4 Resumo dos resultados obtidos

Os resultados do nosso estudo mostram que os modelos RNN, LSTM e GRU têm um bom desempenho na deteção de ataques DDoS por classificação binária e multi-classe, utilizando o conjunto de dados CIC-DDoS2019. Em termos de classificação binária, o LSTM e o GRU têm um bom desempenho em termos de *precisão,* recordação e pontuação F1, o que sugere a sua eficácia na deteção de ataques DDoS. O que sugere a sua eficácia na deteção e categorização de ciberameaças. Além disso, o GRU tem um tempo de execução significativamente inferior, o que sublinha a sua eficácia como solução IDS em tempo real. Para a classificação multi-classe, o LSTM e o GRU demonstram uma capacidade significativa para distinguir entre diferentes classes de ataque, o que é crucial em ambientes reais. O seu elevado desempenho em termos de precisão e pontuação F1 atesta a sua eficácia nesta tarefa. Além disso, os resultados mostram que os modelos adquirem conhecimento e melhoram a sua funcionalidade ao longo do tempo, reforçando a sua utilidade na deteção de ataques DDoS.

3.3. Desenvolvimento de contramedidas para a segurança das redes 4G/LTE

3.6.1 Contra-medidas propostas para atenuar o impacto dos ataques

Esta secção apresenta uma série de estratégias e técnicas para combater os ataques DDoS e reduzir o seu impacto nas redes 4G/LTE. Estas medidas foram concebidas para aumentar a robustez das infra-estruturas de comunicações móveis e garantir a continuidade do serviço aos utilizadores finais. Eis as nossas recomendações:

Os quadros III.5 e III.6 apresentam um resumo das várias contramedidas que propusemos para atenuar o impacto dos ataques DDoS nas redes 4G/LTE.

3.6.2 Recomendações para uma maior segurança nas redes 4G/LTE

Depois de propor contramedidas para atenuar o impacto dos ataques DDoS nas redes 4G/LTE, nesta secção propomos recomendações para reforçar a segurança das redes 4G/LTE contra ataques DDoS. O nosso objetivo é propor orientações práticas para que os operadores de rede aumentem a robustez das suas infra-estruturas de comunicações móveis contra esses ataques.

Instalação de filtros e firewalls	Descrição
Filtragem de trafego	Monitorização e analise do trafego para detetar actividades maliciosas, tais como padrões de trafego anormais, endereços IP suspeitos, etc.
Politicas de firewall	Controlo do trafego com base em regras de segurança predefinidas para bloquear o trafego de endereços IP especificos, portas de comunicação, etc.
Deteção precoce	Configuração de filtros e firewalls para detetar os sinais de alerta de um ataque iminente e tomar medidas preventivas.
Resposta automatizada	Integração de filtros e firewalls com sistemas de resposta automatica para bloquear automaticamente o trafego suspeito ou desvia-lo para centros de atenuação especializados.

Tabela III.5 - Contramedidas: Instalação de filtros e firewalls

Utilização de serviços de nuvem anti-DDoS	Descrição
Atenuação distribuida	Redirecionar o trafego suspeito para centros de atenuação na nuvem para reduzir a carga sobre as infra-estruturas locais e beneficiar de elevadas capacidades de filtragem e atenuação.
Analise em tempo real	Analise em tempo real do trafego de entrada para detetar e atenuar rapidamente os ataques DDoS utilizando algoritmos avançados e tecnicas de aprendizagem automatica.
Escalabilidade e flexibilidade	Capacidade de atenuação escalavel e flexivel para se adaptar as flutuações da procura e as mudanças no panorama das ameaças.
Relatórios e analises	Fornecimento de ferramentas avançadas de comunicação e analise para monitorizar a eficacia das medidas de atenuação e analisar as tendencias dos ataques DDoS.

Tabela III.6 - Contramedidas: Utilização de Serviços Anti-DDoS na Nuvem

Orientação 1: Implementar uma estratégia de segurança global :

- Identificar activos críticos, vulnerabilidades e ameaças específicas das redes 4G/LTE, avaliando o impacto financeiro e operacional dos ataques DDoS.
- Definir objectivos mensuráveis para garantir a proteção contra ataques DDoS, como a redução do tempo de deteção ou a melhoria da capacidade de atenuação.
- Escolher soluções de segurança adequadas depois de identificar as necessidades e os riscos, como a adoção de tecnologias de deteção avançadas ou a utilização de serviços anti-DDoS em nuvem.
- Integrar a estratégia de segurança nos processos operacionais existentes, envolvendo as equipas desde o início e dando formação sobre as novas políticas de segurança.
- Avaliar e atualizar regularmente a estratégia de segurança para ter em conta a evolução tecnológica e os ensinamentos retirados de incidentes anteriores.

Orientação 2: Efetuar regularmente avaliações de risco :

- Identificar potenciais ameaças, incluindo ataques DDoS, para compreender os cenários de ataque e adotar medidas preventivas.
- Identificar vulnerabilidades nas infra-estruturas 4G/LTE, a fim de as corrigir e reforçar a segurança.
- Analisar o impacto potencial dos ataques DDoS para quantificar as consequências

financeiras e operacionais e afetar os recursos de forma adequada.

- Dar prioridade às acções corretivas de acordo com a sua gravidade e probabilidade de aumentar a segurança.
- Controlar regularmente a eficácia das medidas de atenuação e reavaliar os riscos para ter em conta as alterações no ambiente de ameaças.

Orientação n.º 3: Reforçar a formação e a sensibilização do pessoal

- Fornecer formação contínua sobre técnicas de ataque DDoS e melhores práticas de segurança.
- Familiarizar o pessoal com os procedimentos de emergência para lidar com ataques DDoS.
- Sensibilizar o pessoal para as boas práticas de segurança, a fim de reduzir o risco de ataques DDoS.
- Promover a comunicação e a colaboração entre equipas para detetar, comunicar e responder eficazmente a ataques DDoS.
- Incentivar a partilha de conhecimentos e experiências para reforçar a capacidade de resistência da organização.

Orientação n.º 4: Colaborar com outros agentes do sector

- Participar em iniciativas de partilha de informações sobre ameaças para compreender melhor as tendências dos ataques DDoS.
- Intercâmbio das melhores práticas em matéria de segurança para reforçar a resiliência do sector.
- Trabalhar em conjunto para desenvolver soluções de segurança inovadoras.
- Coordenar a resposta aos ataques DDoS para minimizar o seu impacto nos serviços de comunicações móveis.

Orientação 5: Investir em tecnologias avançadas de deteção e atenuação

- Utilizar tecnologias de análise comportamental para detetar ataques DDoS.
- Utilizar técnicas de aprendizagem automática para melhorar a deteção de ataques DDoS.
- Utilize soluções de correlação de eventos para detetar os sinais de aviso de um ataque DDoS.
- Utilizar tecnologias de atenuação automática para atenuar os efeitos dos ataques DDoS em tempo real.
- Implementar a monitorização em tempo real do tráfego de rede para detetar rapidamente ataques DDoS.

Orientação 6: Estabelecer procedimentos de gestão de incidentes

- Desenvolver planos detalhados de gestão de incidentes DDoS antes da ocorrência de um ataque.

- Identificar e avaliar os ataques DDoS para coordenar a resposta.
- Notificar as partes interessadas internas e externas e assegurar uma comunicação clara e transparente.
- Iniciar medidas de atenuação para minimizar o impacto nos serviços de comunicações móveis.
- Monitorizar a evolução do ataque DDoS e avaliar a eficácia das medidas de atenuação implementadas.
- Efetuar uma análise post-mortem para identificar as lacunas na resposta e propor recomendações de melhoria.

Conclusão

O estudo de caso apresentado fornece uma visão aprofundada da deteção de ataques DDoS em redes 4G/LTE, utilizando o conjunto de dados CIC-DDoS2019 como principal ponto de referência. Através da nossa análise, conseguimos identificar os diferentes tipos de ataques DDoS presentes nos dados, avaliar a eficácia das técnicas de deteção existentes e explorar as especificidades e limitações do conjunto de dados neste contexto.

Os nossos resultados sublinham a importância crucial de desenvolver métodos de deteção especificamente adaptados às caraterísticas das redes 4G/LTE, dada a natureza dinâmica e os requisitos de QoS destas redes. Além disso, o nosso estudo destaca o potencial do conjunto de dados CIC-DDoS2019 como um recurso valioso para a investigação em matéria de segurança no domínio das redes móveis.

No entanto, é de notar que, apesar dos benefícios do conjunto de dados CIC-DDoS2019, subsistem limitações, nomeadamente no que respeita à representatividade dos cenários de ataque e à fidelidade das condições de recolha de dados. Por conseguinte, são necessários mais esforços para melhorar a qualidade e a diversidade dos dados disponíveis para uma análise mais aprofundada dos ataques DDoS nas redes 4G/LTE.

Conclusão geral

Um estudo aprofundado dos ataques DDoS nas redes móveis 4G/LTE permitiu-nos destacar a crescente complexidade destas ameaças e a importância crucial de uma deteção eficaz para garantir a segurança e a disponibilidade do serviço. Através de uma análise dos fundamentos teóricos dos ataques, das arquitecturas de segurança das redes 4G/LTE e das técnicas de deteção, foi possível retirar uma série de conclusões significativas.

Em primeiro lugar, é evidente que os ataques DDoS representam uma séria ameaça para as redes 4G/LTE, devido à sua capacidade de coordenar ataques em grande escala a partir de múltiplas fontes. As principais caraterísticas dos ataques DDoS, como a sua escala, diversidade e capacidade de se transformar, sublinham a necessidade de uma deteção proactiva e adaptativa para combater estas ameaças.

Em segundo lugar, a arquitetura de segurança das redes 4G/LTE oferece mecanismos de defesa robustos, mas não é imune aos ataques DDoS. As vulnerabilidades nas redes de acesso, na rede de base, no IMS e nos dispositivos móveis expõem as redes 4G/LTE a riscos significativos, exigindo uma atenção especial para reforçar as medidas de segurança.

Em terceiro lugar, tanto as abordagens tradicionais como as baseadas na aprendizagem automática oferecem soluções para a deteção de ataques DDoS em redes 4G/LTE. As abordagens tradicionais, embora comprovadas, são limitadas em termos da sua capacidade de detetar novas formas de ataque, enquanto as técnicas baseadas na aprendizagem automática oferecem maior flexibilidade e adaptabilidade, mas exigem uma análise aprofundada dos dados e dos modelos.

Finalmente, o estudo de caso apresentado, utilizando o conjunto de dados CIC-DDoS2019 [54], identificou os diferentes tipos de ataques DDoS, avaliou a eficácia das técnicas de deteção existentes e explorou as caraterísticas específicas e as limitações do conjunto de dados neste contexto. Os modelos RNN, LSTM e GRU revelaram-se eficazes na deteção de ataques DDoS, com resultados promissores para a classificação binária e multi-classe.

Perspectivas

O estudo apresentado fornece uma base sólida para aprofundar a compreensão e a eficácia da deteção de ataques DDoS em redes 4G/LTE. Nesta secção, enumeramos algumas vias que podem ser exploradas para enriquecer ainda mais este domínio:

(1) Melhorar as técnicas de deteção: Prosseguir a investigação para desenvolver novas tecnologias de deteção

técnicas de deteção mais robustas e eficientes especificamente adaptadas às caraterísticas únicas das redes 4G/LTE, tendo em conta os padrões de tráfego e os condicionalismos de largura de banda das redes 4G/LTE. Pode ser considerado um estudo de modelos híbridos, abordagens baseadas em *algoritmos de aprendizagem automática extrema (ELM).*

(2) Validação em cenários reais: alargar o estudo utilizando cenários reais de implantação para validar a eficácia das técnicas de deteção em ambientes operacionais que tenham em conta as variações de carga, as configurações da rede e o comportamento real dos ataques nas redes 4G/LTE.

(3) Colaboração industrial e académica: Incentivar a colaboração entre intervenientes industriais, fornecedores de serviços de telecomunicações (operadores móveis) e instituições académicas para partilhar dados, melhores práticas e investigação, a fim de reforçar a segurança das redes 4G/LTE contra ataques DDoS.

(4) Adaptação aos desenvolvimentos tecnológicos: Antecipar e estudar as implicações dos desenvolvimentos tecnológicos, como a implantação do 5G, na deteção e atenuação dos ataques DDoS nas redes móveis, identificando novas ameaças e oportunidades para reforçar a resiliência das redes.

REFERENCIAS

[1] Limei HE, Zheng YAN e Mohammed ATIQUZZAMAN. "Recolha e análise de dados de segurança da rede LTE/LTE-A para medição da segurança: A Survey". Em: *IEEE Access* 6 (2018), páginas 4220-4242. ISSN: 2169-3536. DGI: 10.1109/access.2018.2792534. URL: https://ieeexplore.ieee.org/document/8255622.

[2] James HENRYDGSS e Terry BGULT. "Revisão crítica de segurança e estudo de ataques DDoS na rede móvel LTE". In: *2014 IEEE Asia Pacific Conference on Wireless and Mobile*. IEEE, agosto de 2014. DGI: 10.1109/apwimob.2014.6920286.

[3] Dmitry A. BARANGV, Aleksandr O. TEREKHIN, Dmitry S. BRAGIN e Artur A. MITSEL. "Simulação de ataques DDoS aos protocolos LTE e LoRaWAN no simulador de rede NS-3". In: *High-Performance Computing Systems and Technologies in Scientific Research, Automation of Control and Production.* Springer International Publishing, 2023, páginas 291-301. ISBN : 9783031237447. DGI: 10.1007/978-3-031-23744-7_22. URL : https://link.springer.com/chapter/10.1007/978-3-031-23744-7_22.

[4] Jan FENG, Bing-Kai HGNG e Shin-Ming CHENG. "Ataques DDoS em redes LTE experimentais". Em: *Web, Inteligência Artificial e Aplicações de Rede.* Springer International Publishing, 2020, páginas 545-553. ISBN : 9783030440381. DGI : 10.1007/978-3- 030-44038-1_50. URL : https://link.springer.com/chapter/10.1007/978-3- 030-44038-1_50.

[5] *Arquitetura de segurança LTE.* Out. 2012. DGI: 10.1002/9781118380642.ch6.

[6] PROJETO DE PARCERIA PARA A 3ª GERAÇÃO; ESPECIFICAÇÃO TECNICA DOS SERVIÇOS GRGUP E ASPECTOS DO SISTEMA. *Melhoria da arquitetura para acessos não-3GPP (Versão 14).* 3GPP TS 23.402. Versão V14.3.0. 3GPP, 2017. URL: https://www.etsi.org/deliver/etsi_ts/123400_123499/123402/14.03.00_60/ts_123402v140300p. pdf.

[7] N. SINGH e M. S. SAINI. "Uma autenticação de rede 4G / LTE robusta para a realização de um esquema de segurança flexível e robusto". In: *2016 3ª Conferência Internacional sobre Computação para o Desenvolvimento Global Sustentável (INDIACom).* IEEE. março de 2016, páginas 3211-3216. URL: https://ieeexplore.ieee.org/document/7724858.

[8] Jin CAG, Maode MA, Hui LI, Yueyu ZHANG e Zhenxing LUG. "Uma pesquisa sobre aspectos de segurança para redes LTE e LTE-A". In: *IEEE Communications Surveys & Tutorials* 16.1 (2014), páginas 283-302. ISSN: 1553-877X. DGI : 10.1109/surv.2013.041513 00174.

[9] Siddharth Prakash RAG, Bhanu Teja KGTTE e Silke HOLTMANNS. "Privacidade em redes

LTE". In: *Actas da 9.ª Conferência Internacional da EAI sobre Comunicações Multimédia Móveis*. MOBIMEDIA. ACM, 2016. DGI: 10.4108/eai.18-6-2016.2264393.

[10] S. HGLTMANNS, S. P. RAG e I. OLIVER. "Ataques de localização do utilizador para redes LTE utilizando a funcionalidade de interfuncionamento". In: *Proc. IFIP Netw. Conf. Workshops*. IEEE, maio DE 2016, páginas 315-322. DGI: 10.1109/ifipnetworking.2016.7497239.

[11] R. P. JGVER, J. LACKEY e A. RAGHAVAN. "Melhoria da segurança das redes LTE contra ataques de interferência. Em: *EURASIP J. Inf. Secur.* 2014.1 (Abr. 2014), páginas 7-20. ISSN: 1687-417X. DGI: 10.1186/1687-417x-2014-7. URL: https://doi.org/10. 1186/1687-417X-2014-7.

[12] M. LICHTMAN, R. P. JGVER, M. LABIB, R. RAG, V. MARGJEVIC e J. H. REED. "LTE/LTE-A jamming, spoofing, and sniffing: Threat assessment and mitigation". Em: *IEEE Commun. Mag.* 54.4 (Abr. 2016), páginas 54-61. ISSN : 0163-6804. DGI : 10.1109/ mcom.2016.7452266.

[13] Farhan M. AZIZ, Jeff S. SHAMMA e Gordon L. STUBER. "Resiliência das redes LTE contra ataques de interferência inteligente: modelo de banda larga". In: *2015 IEEE 26th Annual International Symposium on Personal, Indoor, and Mobile Radio Communications (PIMRC)*. IEEE, agosto de 2015, páginas 1344-1348. DGI: 10.1109/pimrc.2015.7343507.

[14] R. PIQUERAS JGVER. "Ataques de segurança contra a disponibilidade de redes de mobilidade LTE: visão geral e direcções de investigação". In: *IEEE* (2015). Publicado online. URL: https://ieeexplore.ieee.org/document/6618585.

[15] Chan-Kyu HAN e Hyoung-Kee CHOI. "Análise de segurança do gerenciamento de chaves de transferência em redes 4G LTE/SAE". Em: *IEEE Transactions on Mobile Computing* 13.2 (Fev. 2014), páginas 457-468. ISSN : 1536-1233. DGI : 10.1109/tmc.2012.242.

[16] Adrian DABRGWSKI, Nicola PIANTA, Thomas KLEPP, Martin MULAZZANI e Edgar WEIPPL, "IMSI catch me if you can: IMSI-catcher-catchers". In: *Actas da 30.ª Conferência Anual de Aplicações de Segurança Informática*. ACSAC '14. ACM, Dez. 2014, páginas 246-255. DGI: 10.1145/2664243.2664272.

[17] Patrick TRAYNOR, Michael LIN, Machigar ONGTANG, Vikhyath RAG, Trent JAEGER, Patrick MCDANIEL e Thomas LA PORTA. "On cellular botnets: measuring the impact of malicious devices on a cellular network core". In: *Actas da 16.ª conferência da ACM sobre segurança informática e das comunicações*. CCS '09. ACM, Nov. 2009. DGI: 10.1145/ 1653662.1653690.

[18] Georgios KAMBQURAKIS, Constantinos KOLIAS, Stefanos GRITZALIS e Jong Hyuk PARK. "Ataques DoS explorando a sinalização em UMTS e IMS". In : *Computer Communications*

34.3 (março de 2011), páginas 226-235. ISSN : 0140-3664. DOI : 10.1016/j.comcom.2010. 02.010.

[19] Seongmin PARK, Sekwon KIM, Kyungho SON e Hwankuk KIM. "Ameaças de segurança e estrutura de contramedida usando um mecanismo de controle de sessão em VoLTE". In: *2015 10th International Conference on Broadband and Wireless Computing, Communication and Applications (BWCCA).* IEEE, 2015, páginas 532-537. DOI: 10.1109/bwcca.2015.11. URL: https://ieeexplore.ieee.org/document/7424882.

[20] Guan-Hua TU, Chi-Yu LI, Chunyi PENG e Songwu LU. "Como a tecnologia de chamada de voz representa ameaças à segurança em redes 4G LTE". In: *Conferência IEEE de 2015 sobre comunicações e segurança de redes (CNE).* IEEE, setembro de 2015, páginas 442-450. DOI: 10.1109/cns.2015. 7346856.

[21] J. LEE, K. CHO, C. LEE e S. KIM. "Deteção de ataques à rede com conhecimento de VoIP com base em estatísticas e comportamento do tráfego SIP". Em: *Peer-to-Peer Netw. Appl.* 8.5 (2015), páginas 872880. URL: https://link.springer.com/content/pdf/10.1007/s12083-014-0289- 8.pdf.

[22] Guan-Hua TU, Chi-Yu LI, Chunyi PENG, Yuanjie LI e Songwu LU. "New Security Threats Caused by IMS-based SMS Service in 4G LTE Networks" [Novas ameaças à segurança causadas pelo serviço SMS baseado em IMS em redes 4G LTE]. In: *Actas da Conferência ACM SIGSAC de 2016 sobre segurança informática e das comunicações.* CCS'16. ACM, outubro de 2016, páginas 1118-1130. DOI: 10.1145/2976749.2978393.

[23] S. DAS, M. POURZANDI e M. DEBBABI. "Sobre a deteção de SPIM em redes LTE". In: *2012 25th IEEE Canadian Conference on Electrical and Computer Engineering (CCECE).* IEEE, Abr. 2012, páginas 12-15. DOI: 10.1109/ccece.2012.6334959.

[24] Chi-Yu LI, Guan-Hua TU, Chunyi PENG, Zengwen YUAN, Yuanjie LI, Songwu LU e Xinbing WANG. "Insecurity of Voice Solution VoLTE in LTE Mobile Networks" [Insegurança da solução de voz VoLTE em redes móveis LTE]. In: *Actas da 22.ª Conferência ACM SIGSAC sobre Segurança dos Computadores e das Comunicações.* CCS'15. ACM, outubro de 2015, páginas 316-327. DOI: 10.1145/2810103.2813618.

[25] Chunyi PENG, Chi-Yu LI, Hongyi WANG, Guan-Hua TU e Songwu LU. "Real Threats to Your Data Bills: Security Loopholes and Defenses in Mobile Data Charging" [Ameaças reais às suas contas de dados: brechas de segurança e defesas na cobrança de dados móveis]. In: *Actas da Conferência ACM SIGSAC de 2014 sobre segurança informática e das comunicações.* CCS'14. ACM, Nov. 2014, páginas 727-738. DOI: 10.1145/2660267.2660346. URL: https://dl.acm.org/doi/10.1145/2660267.2660346

[26] S. AYYAZ, M. A. KHAN, J. AHMAD, C. BEARD, B. Y. CHOI e N. A. SAQIB. "Um novo sistema de segurança para prevenir ataques DoS em redes 4G LTE". Em: *Actas da Conferência Internacional sobre Redes Sem Fios (ICWN).* O Comité de Direção do Congresso Mundial de Ciências da Computação, Engenharia Informática e Computação Aplicada (WorldComp). 2016, página 85. URL: https://www.researchgate.net/publication/311367621_A_Novel_Security_System_for_Preventing_DoS_Attacks_on_4G_LTE_ Networks.

[27] Abdullah Ahmed BAHASHWAN, Mohammed ANBAR, Selvakumar MANICKAM, TaiefAlaa ALAMIEDY, Mohammad Adnan ALADAILEH e Iznan Husainy HASBULLAH. "Uma revisão sistemática da literatura sobre aprendizado de máquina e abordagens de aprendizado profundo para detetar ataques DDoS em redes definidas por software". Em: *Sensores* 23.9 (2023), página 4441. DOI: 10.3390/S23094441.

[28] Himanshu SETIA, Amit CHHABRA, Sunil K. SINGH, Sudhakar KUMAR, Sarita SHARMA, Varsha ARYA, Brij B. GUPTA e Jinsong WU. "Securing the road ahead: Machine learning-driven DDoS attack detection in VANET cloud environments" [Protegendo a estrada à frente: deteção de ataques DDoS com base na aprendizagem automática em ambientes de nuvem VANET]. Em: *Cyber Secur. Appl.* 2 (2024), página 100037. DOI : 10.1016/J.CSA.2024.100037.

[29] Dyari Mohammad SHARIF, Hakem BEITOLLAHI e Mahdi FAZELI. "Deteção de ataques DDoS da camada de aplicação produzidos por vários kits de ferramentas de acesso livre usando aprendizado de máquina". In: *IEEEAccess* 11 (2023), páginas 51810-51819. DOI : 10.1109/ACCESS.2023. 3280122.

[30] Josue Genaro ALMARAZ-RIVERA, Jesús Arturo Pérez DIAZ e Jose Antonio CANTORAL-CEBALLOS. "Deteção de ataques DDoS de camada de transporte e aplicativo para dispositivos IoT usando modelos de aprendizado de máquina e aprendizado profundo". Em: *Sensores* 22.9 (2022), página 3367. DOI: 10.3390/S22093367.

[31] Abdussalam Ahmed ALASHHAB, Mohd Soperi Mohd ZAHID, Mohamed A. AZIM, Muhammad Yunis DAHA, Babangida ISYAKU e Shimhaz ALI. "A Survey of Low Rate DDoS Detection Techniques Based on Machine Learning in Software-Defined Networks" [Um levantamento de técnicas de deteção de DDoS de baixa taxa baseadas em aprendizado de máquina em redes definidas por software]. Em: *Symmetry* 14.8 (29 de julho de 2022). Editado por Yu-Chi CHEN, página 1563. ISSN: 2073-8994. DOI : 10.3390/sym14081563.

[32] Khatereh AHMADI e Reza JAVIDAN. "Deteção de ataque DDoS em um ambiente IoT urbano real usando aprendizado profundo federado". Em: Veneza, Itália. Veneza, Itália: IEEE, 2023, páginas 117-122. ISBN: 979-8-3503-1171-6. DOI :

10.1109/CSR57506.2023.10224916.

[33] Monika ROOPAK, Gui Yun TIAN e Jonathon CHAMBERS. "Modelos de aprendizagem profunda para segurança cibernética em redes IoT". Em: Las Vegas, NV, EUA. Las Vegas, NV, EUA: IEEE, 2019, páginas 0452-0457. ISBN: 978-1-7281-0555-0. DOI: 10.1109/CCWC.2019.8666588.

[34] B. B. GUPTA, Akshat GAURAV e Dragan PERAKOVIC. "Uma abordagem baseada em Big Data e Deep Learning para deteção de DDoS em ambiente de computação em nuvem". Em: Quioto, Japão. Kyoto, Japão: IEEE, 2021, páginas 287-290. ISBN: 978-1-6654-3677-9. DOI: 10.1109 / GCCE53005.2021.9622091.

[35] *Conjunto de dados de avaliação da deteção de intrusões CICIDS2017.* https://www.kaggle.com/datasets/ cicdataset/cicids2017/. Acedido em : <data>.

[36] Faisal HUSSAIN, Syed Ghazanfar ABBAS, Muhammad HUSNAIN, Ubaid U. FAYYAZ, Farrukh SHAHZAD e Ghalib A. SHAH. "Deteção de ataque IoT DoS e DDoS usando ResNet". Em: (Dez. 2020), páginas 1-6. DOI: 10.21203/rs.3.rs-120303/v1.

[37] R. J. ALZAHRANI e A. ALZAHRANI. "Análise de segurança de ataques DDoS usando algoritmos de aprendizado de máquina no tráfego de rede. Em: *Eletrónica* 10 (2021), página 2919. DOI: 10.3390/electrónica10242919.

[38] T. DHAMOR, S. BHAT e S. THENMALAR. "Abordagens dinâmicas para a deteção de ameaças DDoS utilizando a aprendizagem automática". In : *Ann. Rom. Soc. Cell Biol.* 2021 (2021), páginas 1366313673.

[39] R. AMRISH, K. BAVAPRIYAN, V. GOPINAATH, A. JAWAHAR e C.V. KUMAR. "Deteção de DDoS usando técnicas de aprendizado de máquina". Em: *J. IOT Soc. Mobile, Anal. Cloud* 4 (2022), páginas 24-32. DOI : 10.1007/s13174-021-00347-6.

[40] K. KUMARI e M. MRUNALINI. "Detectando ataques de negação de serviço usando algoritmos de aprendizado de máquina". Em: *J. Big Data* 9 (2022), página 56. DOI: 10.1186/s40537-022- 00530-8.

[41] C. NALAYINI e J. KATIRAVAN. "Deteção de ataque DDoS usando algoritmos de aprendizado de máquina". Em: *SSRN* 9 (2022), página 4173187.

[42] R. QAMAR, B. ZARDARI, A. ARAIN, F. KHOSO e A. JOKHIO. "Detectando ataques distribuídos de negação de serviço usando rede neural recorrente". In: *Psychology* 2022 (2022), página 1.

[43] I. ULLAH e Q.H. MAHMOUD. "Projeto e desenvolvimento de modelo de deteção de anomalias RNN para redes IoT". In: *IEEE Access* 10 (2022), páginas 62722-62750. DOI:

10. 1109/ACCESS.2022.3220238.

[44] S. HARIPRASAD, T. DEEPA e N. BHARATHiRAjA. "Deteção de ataque DDoS em redes IoT usando RNN-ELM selecionado por amostragem". In: *Intell. Autom. Soft Comput.* 34 (2022), página 17. DOI : 10.5879/ijst.2022.22.17.

[45] Siva Sarat KONA. "Deteção de ataques DDoS usando RNN-LSTM e conjunto de modelos híbridos". Tese de doutoramento. Dublin, National College of Ireland, 2020. URL: https: //norma.ncirl.ie/4180/1/sivasaratkona.pdf.

[46] Asha Varma SONGA e Ganesh Redy KARRI. "Ensemble-RNN: uma estrutura robusta para deteção de DDoS em ambiente de nuvem. Em: *Majlesi Journal of Electrical Engineering* 17.4 (2023), páginas 31-44. URL: https:/ / journals . iau . ir / article _ 705412 _ 14633e4d9bb5ab0eed6c014b510cc43d.pdf.

[47] K. SAURABH, S. SOOD, P.A. KUMAR, U. SINGH, R. VYAS, O. VYAS e R. KHONDOKER. "Lbdmids: modelo de aprendizagem profunda baseado em LSTM para sistemas de deteção de intrusão para redes IOT". Em: *Anais do Congresso Mundial de IA IoT do IEEE de 2022 (AIIoT).* 2022, páginas 753-759.

[48] R. QAMAR. "Gradient Techniques to Predict Distributed Denial-Of-Service Attack" [Técnicas de Gradiente para Prever Ataques Distribuídos de Negação de Serviço]. Em: *Iraqi J. Comput. Sci. Math.* 3 (2022), páginas 55-71. DOI : 10.25677/ijcsm-63.

[49] R. QAMAR, A. A. ARAIN, K. KANWAR, F. H. KHOSO e F. JOKHIO. "Distributed Denial Of Service Attack Detection Based On Neural Network: A Comparative Study". In: *Int. J. Sci. Technol. Res.* 2 (2022), página 15.

[50] M. A. RAHMAN. "Deteção de ataques distribuídos de negação de serviço com base em algoritmos de aprendizagem automática". In: *Int. J. Smart Home* 14 (2020), páginas 15-24. DOi: 10.5579/ ijsh.2020.v14n2p15.

[51] M. RUSYAIDI, S. JAF e Z. IBRAHIM. "Detectando negação de serviço distribuída no tráfego de rede com aprendizado profundo. In: *Int. J. Adv. Comput. Sci. Appl.* 13 (2022), páginas 34-41. DOI : 10.14569/ijacsa.2022.013.0405.

[52] J. COSTA, N. DESSAI, S. GAONKAR, S. ASWALE e P. SHETGAONKAR. "Deteção de IoT-botnet usando rede neural recorrente de memória de curto prazo longa". In: *Int. J. Eng. Res* 9 (2020), página 18. DOi: 10.21275/9954.

[53] F. M. ASWAD, A. M. S. AHMED, N. A. M. ALHAMMADI, B. A. KHALAF e S. A. MOSTAFA. "Aprendizagem profunda no método de deteção de ataques distribuídos de negação de serviço para redes da Internet das Coisas. In: *J. Intell. Syst.* 32 (2023), página 20220155. DOI : 10. 1007/s10844-022-0733-6.

[54] Iman SHARAFALDIN, Saqib HAKAK, Arash HabibiLASHKARi e AΓIGHGRBAN. *Conjunto de dados CIC- DDoS2019.* https : //www . kaggle . com/datasets/dhoogla/cicddos2019. Acedido

em [data]. 2019.

[55] Iman SHARAFALDIN, Arash HabibiLASHKARi, Saqib HAKAK e AliA. GHGRBANI. "Desenvolvimento de um conjunto de dados e taxonomia realistas de ataques de negação de serviço distribuído (DDoS)". Em: *Conferência Internacional Carnahan de 2019 sobre Tecnologia de Segurança (ICCST).* IEEE, 2019, páginas 1-8. DGI: 10.1109/ccst.2019.8888419.

[56] *Normalização.* URL: https : / / www . digitalocean . com/ community/ tutorials/ normalize-data-in-python (visitado em 04/02/2023).

[57] DESCONHECIDO. *Dados categóricos.* 2020. URL: https://www.kdnuggets.com/2021/05/ deal-with-categorical-data-machine-learning.html (visitado em 09/09/2020).

[58] *Método de divisão de testes em aprendizagem automática.* Acedido em 12 de dezembro de 2022. URL : https: //www.researchgate.net/post/70_training_and_30_testing_spit_method_in_machine_learning.

[59] TECHTARGET. *Data Splitting,* URL: https://www.techtarget.com/searchenterpriseai/ definition/datasplitting (visitado em 04/02/2024),

[60] Ahamed Ali SAMSU ALIAR e Moorthy AGGRAMGGRTHY, "Uma Deteção Automatizada de Ataque DDoS na Nuvem Usando Recursos Fundidos Ponderados Otimizados e Arquitetura DBN- GRU Híbrida", In: *Cibernética e Sistemas* (2022), páginas 1-42, DGI: 10.1080/ 01969722.2022.2157603,

[61] Rekha GANGULA, V Murali MGHAN e Ranjeeth KUMAR, "A comprehence study of DDoS attack detecting algorithm using GRU-BWFA classifier", In: *Measurement: Sensors* 24 (2022), page 100570, DGI: 10.1016/j.measen.2022.100570,

[62] Saif ur REHMAN, Mubashir KHALIQ, Syed Ibrahim IMTIAZ, Aamir RASGGL, Muhammad SHAFIQ, Abdul Rehman JAVED, Zunera JALIL e Ali Kashif BASHIR, "DIDDOS: Uma abordagem para a deteção e identificação de ciberataques de negação de serviço distribuído (DDoS) utilizando unidades recorrentes fechadas (GRU)", In: *Future Generation Computer Systems* 118 (2021), páginas 453-466, DGI: 10.1016/j.future.2021.01.022,

[63] M, H, H, KHAIRI, S, H, S, ARIFFIN, N, M, ABDUL LATIFF, A, S, ABDULLAH e M, K, HASSAN, "A Review of Anomaly Detection Techniques and Distributed Denial of Service (DDoS) on Software Defined Network (SDN)", In: *Engineering, Technology & Applied Science Research* 8,2 (Abr, 2018), pages 2724-2730, ISSN: 2241-4487, DGI: 10.48084/etasr . 1840, URL: https: //etasr . com/index . php/ETASR/article/ view/1840/pdf,

[64] Brij B GUPTA, Kwok Tai CHUI, Akshat GAURAV e Varsha ARYA. "GRU-Based DDoS Detection for Enhanced Security in Consumer Electronics". In: *2023 IEEE 13th International Conference on Consumer Electronics-Berlin (ICCE-Berlin)*, IEEE. 2023, páginas 1-4. DOI

:10.1109/icce-berlin58801.2023.10375584.

yes

I want morebooks!

Buy your books fast and straightforward online - at one of world's fastest growing online book stores! Environmentally sound due to Print-on-Demand technologies.

Buy your books online at
www.morebooks.shop

Compre os seus livros mais rápido e diretamente na internet, em uma das livrarias on-line com o maior crescimento no mundo! Produção que protege o meio ambiente através das tecnologias de impressão sob demanda.

Compre os seus livros on-line em
www.morebooks.shop

info@omniscriptum.com
www.omniscriptum.com

Printed by Books on Demand GmbH, Norderstedt / Germany